醫生，我每天都好累……

先生！毎日けっこうしんどいです。
元サラリーマン精神科医がみんなのモヤモヤに答えてみた

尾林譽史 Obayashi Takafumi——著
林曜霆——譯

方舟文化

職場的人際關係好麻煩……
老是被別人擺弄來又擺弄去的……
缺乏自我肯定感……
羨慕別人的人生……

醫生！

我每天都
覺得好累，
怎麼辦？
……

喔？輪到我出場了嗎？

前言

公司裡的累贅業務員，成為精神科醫師了！

「職場的人際關係好麻煩……」

「雖然知道不努力不行，但我就是沒辦法努力……」

「那個人做什麼都做得很好，但我做什麼都不行……」

……無論在哪個時代，工作者們的煩惱都是無盡的。

你會拿起這本書，是不是因為你也正想著：「說真的，我好累喔……」呢？

雖然遲了，請容我自我介紹。我是擔任精神科醫師及職業醫學醫師的尾林譽史。

其實我，是個經歷有點奇怪的精神科醫師。我大學畢業後便進入一般公司就職，並在業務崗位上一直工作到三十歲為止。

不過，我持續煩惱著「自己真正想要做的事情是什麼呢？」後來離職了。三十歲的我進入醫學院就讀，以精神科醫師的角色逐漸累積實習與修練，最後終於如願當上了職業醫學醫師。

詳細內容在本書裡也會再提到，我在公司任職時期，是個完全拿不到契約的糟糕業務員。由於我工作的方式很拚命，曾經差點倒下來，可說是用著會把精神也逼得很緊繃的模式在工作。

由於我這個樣子，至今為止的人生裡有過很多煩惱、也經常停滯，過著說不上好也說不上壞、很凡俗的每一天。正因為如此，我有自信可以跟閱讀這本書的各位，以幾乎一致的視線來面對煩惱。

讓「以好心情工作的人」增加，是我的志業

話說回來，你聽過「職業醫學醫師」嗎？這是指在企業裡，對員工進行健康管理的醫師，在精神健康受到關注的近日，其存在已被重新看待*。

……以上的說法，算是一般性的說明。以我個人來說，我認為職業醫學醫師的工作是讓「以好心情工作的人增加」。如果身心都狀態不佳，就無法擁有好心情吧？就算多一個人也好，若能夠讓越來越多工作者處於這樣的狀態，就是我等職業醫學醫師守護的意義所在。

附帶一提，職業醫學醫師當然是如假包換的醫師，不過跟平常大家在醫院裡見到的醫師不同，並不會有「臨床」行為——換句話說就是不會進行診斷或開處方。

那麼，職業醫學醫師都在做些什麼呢？舉例來說，像是確認職場的衛生環境，或健康檢查的結果等等。還有，能舉出來的重要任務如：健康諮詢、停職面談等「面談」

工作。我們會在工作成員健康出問題的時候協助面談；或在有停職必要的決定期間提出建議……。

目前，我所擔任職業醫學醫師的企業有十五家（二〇二一年四月）。大致上每年會有約六百人要進行面談。

再加上我在自己的診所裡，還有著精神科醫師的工作，這部分一年內大約需要為三千人看診。

也就是說，職業醫學醫師跟精神科醫師兩邊的工作合起來，我一年之內大約會接觸到三千～四千人。再加上我已經當了約十年左右的醫師，所以肯定已經替數以萬計的患者看過診了。

我自己也有一點嚇到，這數字相當大啊！

＊註：日本企業有義務，必須在工作人員數量達五十人以上的各個事業場所，選任職業醫學醫師。

會煩惱、會不安，都是很自然的

像這樣照護或看診了許多人後，我察覺到了兩個要點，其一是「只要活著，就免不了會不安」。

不管看起來有多麼一帆風順，完全沒有煩惱的人生是不存在的。所有人絕對都會有些什麼煩惱或不安。我認為會憂鬱苦惱是身而為人的模樣，甚至應該可以說是一種本質吧。

儘管如此，不知為何卻有很多人會把煩惱或不安理解為「不好的」狀態，並且認為它不應該存在。我認為，這樣的主觀印象本身或許就會讓煩惱或不安變得更加深刻。

有煩惱或不安什麼的很正常，就算是非常煩惱也沒關係，去跟各種人討論、訴說苦衷也都無妨。

我認為，若能夠把煩惱或不安視為更加日常的事物來應對，那麼人們應該就能活得更加輕鬆自在了吧！

我察覺到的另外一點，是「只要改變想法，有些煩惱便能順利解決」。

這例子可能不太好，但就像在湖面上看來如水流滑動般游著的優雅天鵝，事實上在水面下，牠的腳也正啪噠啪噠地忙著划動吧？水面上的視角與位於水面下的視角，兩方不管是所接收到的印象或看起來的樣子，都是完全不同的。

「煩惱」其實也是如此。就連原本被認為「這個人，不好相處」的對象也是，在改變看法的瞬間，便會「原來他也有優點啊」這般地重新調整看法；令人焦躁不耐到有些怒不可遏的情感，只要用不同的視角來理解，或許也會因體會到「啊，原來還有這種事啊」而颼地一下子冷靜下來。

透過獲取新的視角，讓人驚訝的是，煩惱變得不再是煩惱了。

請重視克服之後的成長與喜悅

像這樣協助人們「獲得新視角」，就是我的工作，也正是這本書的目的所在。

本書把工作者們容易遭遇的煩惱區分為五大類別，以我在精神科、職業醫學領域的經驗為基礎來排列次序。我會介紹案例，並且針對問題的解決方法做出提示，以期對所有讀者提供有用的內容——

Chapter 1　生存方式與內心相關的煩惱：對自己的個性或生存方式抱持不安的人，不論在哪個時代都沒少過。

Chapter 2　人際關係的煩惱：精神科醫師，同時也是知名心理學家的阿爾弗雷德・阿德勒（Alfred Adler），也曾主張「所有的煩惱都來自於人際關係的問題」。由此也可以看出，這無疑會是困擾著許多人的問題。

Chapter 3　生活艱辛的煩惱：本章要討論的是，因為時代或環境而產生的煩惱，以及因稍顯突出的個性所導致的生活艱辛和相關困擾。

Chapter 4　工作的煩惱：以商業人士在職場上的煩惱內容為中心來探討。

Chapter 5　日常生活中的煩惱：將介紹日常中意外出現的小小不安或迷惘。

我在本書的回答部分裡，提出了很多「稍稍不同、其他視角」的個人見解，希望能盡量減少大家的煩惱。

「煩惱著的不是只有我啊！」

「什麼啊，原來這樣想就可以了。」

「這位醫師，說這樣的事情真的沒問題嗎？笑」

如果可以幫助閱讀本書的各位，說出像上述感想這般的話，放下肩膀上的負擔、讓心情能夠稍稍輕鬆一些，對我來說沒有什麼更值得高興的了。

CONTENTS

Chapter 2

人際關係的煩躁不安TOP10

Chapter 3

生活艱辛的煩躁不安TOP10

Chapter 4

工作的煩躁不安 TOP10

Chapter 5

日常生活的煩躁不安TOP10

Chapter 1

自己心裡的煩躁不安

TOP10

找出自己內心的負面，
不論哪個時代都會有煩惱的人。

自己心裡的
煩躁不安

1 看到別人失敗，內心竟覺得高興

我有個關係不錯，在工作上能彼此互相幫助的同期同事。明明是這樣的交情，但我卻對他懷抱有不好的想法。前些日子，那個人很罕見地在工作上出了大差錯，我當即跟上處理業務，內心卻想著「你活該啊」。我討厭這樣的自己。

（20多歲女性）

只要不說出來，
就完全不會有問題。

「因別人的失敗而高興」，這樣很糟糕嗎？

並不會喔，因此而煩惱的各位真的是很老實呢。都是很好的人啊。遇到有人失敗時，心裡感到有些高興，這樣是很糟糕的嗎？我是覺得：**「這哪有什麼問題呢？」**

「但是因為別人的失敗而高興，好像心胸很狹窄似地，不太好吧！」或許會有人這樣反駁。的確，失敗時會共感悲傷、成功時會同感喜悅這樣心胸寬廣的人，才是理想中的類型吧。只是，不照著這樣想的情況，其實是很常見的。

而且，我之所以斷言「沒有問題」，是因為這其中有個超級重要的重點，那就是**「並沒有說出來」**。

縱使有點壞心眼，只要知道「人心有時就是這樣」就沒問題了！

「活該啊」或「看你失敗好開心」這樣的話語，的確只要一說出來就完蛋了，會讓你變成很討人厭的人。不過，還特地來諮詢的人應該是不會這樣做的。

說起來，會為此就前來諮詢的「好人」，絕對做不出那麼惡劣的事吧。也因此，**偶爾對別人抱持著壞心眼，像這種程度的事情就請原諒自己吧**。不如說，抱持著那樣的感覺，有助於取得心理的平衡。

之所以如此，是因為人類是一種會藉由諸如「我比那個人要好多了」、「比起他，我更酷吧」等比較，來確認自身角色與價值的生物。

當然，時常認為「自己絕對居於上位」這樣的態度叫作傲慢；但相反地，老是覺得「自己比起他人總是低一等」也太過卑屈了。在日常中，老把自己跟人比、東拉西扯地胡思亂想，本來就是不健康的。

然而，從保持自己心理健全、能擁有向前邁進勇氣的這個意義上來說，偶爾在心裡對某人稍稍鄙視或帶點壞心眼，這樣子「運用技巧」是沒有問題的。

因為**如果只是在「內心」想想，那誰都不會受傷、也不會帶來麻煩**。換言之，以維持自身心理健康的方法來說，這是非常優秀的高等做法。

「好人」當得太過頭，會很難平衡

我想要說的就是，從上述內容可以得知，只要符合「偶爾只在心裡想想」這項條件，那麼諮詢者所抱持的這個煩惱，便完全不會有問題。

然而，肯定也有人並不會這樣想。這些人或許是極為執著地認為「非得當個好人才行」，應該是很重視「不可以說人壞話」、「不可以忌妒別人」等倫理觀念或常識的人吧。

這很值得稱讚，而且也並不是什麼壞事……只不過總是這樣的話，不覺得很累嗎？還是只有我覺得累呢？

每個人內心各自所抱持著的某些行為規範或準則，有時候會對自己形成很強大的束縛，而這有可能會讓你的心因此受苦。

對於人類來說，取得平衡很重要。偶爾想脫離平常的模樣，在心裡「科科」嘲笑對方的失敗，或想要吐舌揶揄他人，這些感覺，任何人都是會有的。

如果總是抱持著這樣的感覺，確實算是有點讓人討厭的性格，但偶爾如此**完全沒有什麼問題**。是很正常的。這種想想的程度，還算不上是「瞧不起別人」。

POINT

- 對別人的壞心眼想法「只要不說出來」就沒問題。
- 自己內心的「常識」、「行為規範」、「準則」有時候會成為強大的束縛。
- 不用太過執著要當「好人」。

自己心裡的
煩躁不安

2

明明在閒聊，卻被說是講「壞話」

我只是想閒聊而已，卻被對方說「你這是在罵人吧」、「你是有什麼想說的嗎？」雖然我不是那樣想的，但從那次之後，開始變得有些在意。可是既然是閒聊，不談到跟人有關的事就找不到話題了，我沒有要說人壞話的打算。

（30多歲女性）

與其一直談論他人，不如多說一些自己的事吧！

以「他人」為主詞，容易被聽成在說壞話

打算要閒聊，卻搞得好像在說別人的壞話。像這樣的案例，實際上並不少見。究竟這是「案例」的問題？還是找話題的問題？又或者是說話方式的問題？

我就直接說結論吧！原因是在於諮詢者**把「他人」而非「自己」，用來當作談話的主詞了**。

如果是像「我怎麼怎麼了，所以認為如何如何」這樣的話語，對方很容易就能理解；但如果你說的都是「誰做了什麼什麼」，對方便無法獲得關於你的資訊。因此很容易會讓對方覺得：「你到底是想說什麼？」

如果你又接著把他人的缺點或失敗等負面狀況作為話題，那對方便會感覺：「啊，這個人把別人說得很糟糕，結果就是想捧高自己吧。」發生這種情況，也就不難想像了。

你對自己這種談話的態度，難道沒有稍微感受到一些不自在嗎？

既然說「不是要說壞話」，那麼你本來想要說的，究竟是什麼呢？

無法談論「自己的事」，是因為沒有自信

該怎麼做才不會讓人覺得自己像在說「別人的壞話」呢？其實很簡單，只要**把自己當成主詞**就可以了。

對方想要跟你談話，是想要聽跟你有關的事情。因此，就好好地告訴對方跟你有關的事情吧，至於別人的事情，差不多提一提就可以了。

然而，這類型的人在被說了「請用你自己當主詞來聊吧」、「請說說關於你的事情」之後，很可能會突然咻地一下就變得無話可說。

為什麼會這樣呢？我認為或許是因為這些人對於自己沒有信心的緣故。

「我的事沒什麼價值。」

「誰對我的事都不會感興趣的。」

你是不是就這樣想的呢？明明實際上就完全不是這樣的呢。

以「自己」當主詞，愉快地談話吧

說得嚴重一點，**只會談論他人事情的人，有時候是想以該話題來做為「引發對方關心的武器」**。其內心真正的想法大概還是「希望你能好好地聽我說話」吧。

不管怎麼說，這也都是純粹且認真的呼喊吧。不論是誰，都會希望有人能夠理解自己、可以分享想法。

大多數的人都是與家族、朋友或親近的同事等人進行這樣的溝通，然而其中也有些人並沒有能夠共享的對象存在。

像這樣的人，由於無論如何都希望別人能聽自己說話，所以在無意識中便把「別人的壞話」做為苦肉計，用來引起他人的關心了。啊，雖然我在此形容是「壞話」，但說話的人應該並沒有那種意思。

然而，請容我嚴厲地再說幾句。所謂別人的壞話，就是能夠相對簡單地提高自身價值的東西。例如：「某某人在工作上犯了這樣的錯誤**（但是我沒有犯錯）**」或「某某夫婦的感情好像不太好**（但是我可沒有這種問題）**」。

或許這是無意識的，但也無法否定發話者**想以繞了一大圈的方式，來滿足自身被肯定之需求**的可能性。

究竟有沒有這樣的意圖存在，每個人的想法可能都不同。但總之**以他人當主詞來談話的方式並不是什麼好做法**，這一點是可以確定的。

首先，請從以自己當主詞來營造話題開始做起吧！能夠做到讓自己與對方彼此都覺得開心、愉悅的談話就太好了呢。

POINT

- 以他人當主詞的話題，容易被聽成在說壞話或八卦。
- 請以自己當主詞來聊「你」的事情。
- 別認為「關於我自己的種種，誰都不會感興趣」。

自己心裡的
煩躁不安

3 找不到真正想做的事情

已經三十來歲都快過半了，我還是沒找到自己真正想要做的事情。與其說很享受、喜歡工作，反而更像是持續著發揮惰性的樣子。心裡想著繼續這樣是不行的，卻也只是越來越焦慮，狀況一點都沒有改變。

（30 多歲男性）

本來，就沒那麼簡單能找到喔！

「不快點有結果的話……」的詛咒

首先，可能有些人曾聽說過，在工作上很重要的三要素「Will・Can・Must」，也存在於自我分析的框架之中。換句話來說，指的就是「想做的事情、能做到的事情、不做不行的事情」吧！

雖然「找不到想要做的事」，不過也沒有關係。你應該還在找尋自己的「Will」吧？如果是這樣，那就完全沒有問題了。

光這樣說可能有人會質疑：「咦？怎麼能這麼武斷呢？」那就再補充說明一下吧。

我想應該很多人都有這樣的煩惱。不過我自己是覺得，**要找到想做的事情本來就沒有那麼簡單**。之所以敢這麼說是因為——各位都有嗎？在自己人生裡想做的事情？

我覺得能舉起手說「有啊，我有喔」的人，應該不會太多。正因如此，不需要為此感到焦慮。

不過，我當然也能理解那種焦慮的心情。畢竟生存在如此要求速度的網路社會裡，想要的東西下單後當日就可能會送到、想知道的事情一檢索馬上就能了解，我們過著快速獲得結果的每一天。

習慣這樣的步調之後，會認為「想要盡可能用最短距離抵達目標」、「不想多繞遠路」也是理所當然的。像「花費人生漫長時間，一步步地接近想要做的事情」這種悠長的話語，就更不會說出口了吧。

想要做的事情，沒那麼容易找得到

然而，我要再說一次，**想要做的事情，本來就真的沒那麼簡單可以找得到**。畢竟，不經過各種嘗試，是無法知道自己是否真的想做某件事的。光是在這個過程中的錯誤嘗試，就必須耗費時間。雖然狀況因人而異，但一般都需要花上相當的時間。

不好意思，雖然這樣說聽起來或許有點像自吹自擂，但說起來我在找到目前的工作以前，可是繞了很大一段路呢。等你讀到第五十八頁的專欄後，應該就會理解：「啊，原來是這樣啊！」正是因為繞了許多的路，才有了今天的我。另一方面，我之所以決定要終身從事現在的工作，也是因為理解與使命感結合起來的緣故。

立起天線，持續探尋吧

可能有些人很順利地就找到了自己的天職或想做的事情，然而，**這些人會引起注目，正是因為他們是很罕見的例子**。一般來說是很難那麼簡單就找到的。

然而，只要你持續探尋，總有一天一定會找到，不可以放棄。**重要的是在心裡樹立起「想要找到」的天線。**在日常當中，持續保持著諸如：「自己喜歡的是什麼樣的事物呢？」、「那個人的工作，有著什麼樣的價值呢？」這樣的關注。這麼做的話，你便能在慢慢了解、嘗試各種事物的途中，鍛鍊自己做出「選擇」的尺規。

然後在某個時刻，「啊！」地一下出現了某個事件，明確了你應該前進的方向時，你或許就能夠察覺到「原來是這條路啊」也說不定。

我認為，雖然在找到之前的時間或過程因人而異，可能出現很大的差別，但藉由好好地面對自己所找出的「真正想做的事」，所帶來的合適感與接納程度將會格外不同。以我自己的經驗便可以保證，路程雖然辛苦，但帶來的喜悅也會很大。

換言之，有此疑問的人，現在已經位於找到「Will」的半途上了。這般的你，目前的狀況絕對不算壞，日後回顧起來，也必定會帶給你不同的意義。請安心，堂堂正正地持續著「找尋想做的事情」吧！

POINT

- 沒有馬上獲得結果也沒關係。
- 「真正想做的事情」是在經歷錯誤嘗試的最終才能找到的。
- 持續探索，必定能夠找到。請期待那時的喜悅與心領神會的感覺。

自己心裡的
煩躁不安

4

不清楚自己能夠做什麼

我們公司就是大家所說的黑心企業，我想要換工作。在轉職的過程中，考慮著自己適合什麼樣的公司，卻找不出答案。因為不知道自己能做些什麼，結果連一步都沒有跨出去。

（20多歲女性）

比起「能做些什麼」，
不是更應該要去關心
「想做些什麼」嗎？

與「Can」相比，「Will」要更優先

這次在「Will・Can・Must」當中，不清楚的是「Can」的部分。

「Can」說起來是與技能相關，在得到一定的評價、獲得生活所需的財力等方面是很便利的，因此在轉職上也是個很重要的要素。然而即便如此，我還是想說：**比起「Can」來，更應該重視「Will」**。

為何這麼說呢？因為「Will」是「想要做的事情」，與欲望、動機、幹勁等有著很強的連結。以上這些感覺對於一個人在工作方面，或者進一步來說，在生存方面都是非常重要的。沒有這些感覺，只是單純的「Can」，難免會讓人覺得有些空虛。

持續保有欲望，「Can」也會跟著提升

我想要強調的是，**正是因為有了「Will」，為了達成所必須的「Can」，與其說是會自己跟著提升，更該說是會自發地不得不去獲取**。

例如「醫生」這份工作。如果有著像「想要用自己的手來解救受疑難雜症所苦的人」、「因交通意外瀕死之際被醫生給救回來了，我也想要成為這樣子的人物！」這樣的「Will」，即便討厭唸書，但為了取得醫師執照也會不得不努力；就算要面對辛苦的考試或進修，也只能努力加油了。不如說，沒有欲望的話，努力會是一件很辛苦的事，很可能在半途上就心志崩潰、放棄了也說不定。

再說，缺乏「Will」的「Can」，也就是**光靠著技能或能力生存，在這種情況下，「Can」是不會有所成長的**。

如果輕忽已有的「Can」，或者心生怠惰，甚至還會有使該項技術或能力變得陳腐的風險存在。

不過，如果是已經有了「Will」的「Can」，那再怎麼樣都還有發展的可能性。

以我來說，一開始是在企業醫師跟精神科醫師的工作間很平衡地運作著，後來因為想要在精神科醫師的工作上多投入些，於是開設了診所。如此一來，除了醫師的工作外，還多了經營者層面的事務得處理，像是法務跟財務方面。

這些事務我完全不懂，做不來啊。可是，就是不得不去做。畢竟我有著「想要開間診所！」的「Will」，因此也只能努力地開拓我的「Can」領域了。而這部分做起來也讓我覺得很有價值。

「Will」的有無，也會影響到個人魅力

還有，在說服他人的關鍵話語上，有「Will」的人，會比僅有「Can」的人說出來話的要更好。

接下來的話，好像是在說內部人的壞話一樣，我有點怕怕的。不過醫生們一旦取得了醫生執照，在很多場合確實會被捧著讓著。有些人會以好的方式來運用這一點，但也有些人就……（以下就不說了）。

看到那樣的人，我會很沒禮貌地想著「這人好可惜啊」。因為他擁有著執照與社會地位這類的「Can」，並不用煩惱生存問題，然而那卻是沒有自己的意志或想法的「Can」，

我認為是很糟糕的。換句話說，**「Will」同時也能夠反映出那個人的生存方式與人格魅力**。

可以理解人會想要把容易被他人看見、也容易被評價的「Can」做為武器，然而看得遠一點的話，確實地保有「Will」是更加分的。至於「Can」的部分，則推薦最好是以受「Will」引導的方向來培育。

POINT

- 以關聯到工作欲望、生存欲望的「Will」為優先。
- 沒有「Will」的「Can」，容易有成長的煩惱，也有變得陳腐的風險。
- 以由「Will」引導的形式，來培育「Can」。

自己心裡的
煩躁不安

5 周圍的人很強，我卻什麼都不會

在找工作的過程中，我成功地應徵上了自己最想去的公司。然而在實際開始工作之後才感覺到，不管是同時期進來的同事，還是前輩、上司，全都是很厲害的人，跟我的程度完全不同。我覺得很難拿出同樣的成果，每天都因為自己差人一等而苦惱。

（20多歲男性）

請別再抬頭仰望了。

「有持續可能性」的尊敬

對於周遭人懷抱「好厲害啊」、「真讓人尊敬」等情感，並非是壞事，但是一直向上仰望的話，人會變得疲憊。在尊敬人的同時，維持著讓自己不會變得負面、可以持續下去的狀態會更好。恰到好處的尊敬應該是像「真好啊，我總有一天也想變成那樣」這般，有著自身的脈絡，會讓你思考要向前邁進。換言之也就是會「保有上進心」。

那些會如同惡作劇般地讓你手忙腳亂、失去冷靜，甚至還激發出你的劣等感或疲憊感的，就是**毫無意義的尊敬**。「周圍的人好厲害」＝「自己好糟糕」的想法，會讓你的自信逐漸被消磨掉，很恐怖的。

首先，請先意識到並停止感受「好厲害啊」以及被其壓倒的感覺吧！我覺得如此謙詢的人很謙虛，但真的可以**不用覺得每個遇到的人都「很厲害」**喔！

POINT

- 會造成劣等感的尊敬，不要也罷！

自己心裡的
煩躁不安

6 要如何找出自己的強項？

我覺得能夠活用自己的強項在工作上，是很幸運的，但另一方面，我對於自己是否真的擁有那些強項，卻沒有自信。該活用自己的什麼當作強項呢？我應該怎麼思考才好？

（20多歲女性）

想擁有強項，過程是必須的。

請以後天的概念，來思考強項

跟前面第四名的「不清楚自己能做什麼」一樣，這也是跟「Can」相關的煩惱。

除非是天賜的才能或特殊能力，否則一般很難了解自己的「Can」是什麼。幾乎所有人都要耗費相當多的時間，才能將自己的強項提升到一定的程度。換言之，想要獲得「Can」，過程是必須的。所以，與其在當下思考「我有著什麼樣的強項呢？」不如以**「怎麼樣的強項能夠成為自己的支持？」**、**「擁有什麼樣的強項，能讓我邁向豐富的人生呢？」**這樣的方向，自己從強項的種類中來進行選擇。

雖說如今是各方面都重視「結果」的時代，我個人還是認為「過程」很重要。如果在獲得之前的過程，對自己來說越困難，就越會覺得所收獲的成果是寶物，且也越能感受到其價值。只有能帶給自己這種感覺的「Can」，才有可能成為真正的「強項」。

POINT

- 從「什麼樣的強項能讓自己變得更豐裕」開始思考。

自己心裡的
煩躁不安

7 總會想著「反正就是做不到」

上司經常跟我說「要多挑戰各種事物啊」，但是我總是會想著「反正就是做不到」。本來我就不是很有挑戰精神的個性，也沒有想要在工作上拿出什麼樣的大成就，所以都沒什麼成果。該怎麼做，才能讓我變得更有幹勁呢？

（30多歲男性）

請多多累積失敗經驗！

盡量失敗沒關係

會覺得「反正就是做不到」的人，乍看之下好像是已經失敗到很無力了。不過根據我的假設，事實上在這些人裡，有許多根本就不曾挑戰過任何事物。

諮詢者似乎也是這種類型的人啊？這真的是很可惜。因為，依照我的經驗所推演出來的假設，**挑戰之後失敗得越多次，其後的成功機率就會越高**啊！是真的！

若要說是為什麼，應該是因為經驗值提升、嗅覺也獲得鍛鍊的緣故吧。愛迪生也曾說：「我不曾失敗過，只是找到了一萬種『行不通的方法』而已。」

那並非是嘴硬不認輸喔。正因為有著一萬次的經驗，最終才培養出了所有的判斷基準，我覺得更重要的，是鍛鍊出能找到成功方法的嗅覺。年紀越是增長，人就越是在意尊嚴或體面，而會想避免風險，**不過無論幾歲，「失敗」都是能派上用場的**。

POINT

- 即便失敗了也沒關係，用挑戰來鍛鍊「嗅覺」吧！

自己心裡的
煩躁不安

8 遇到不合理的事情也一直忍耐

即便是無法接受的事情，我也習慣會忍耐著。前些日子也在電話裡被抱怨者給纏上了，上司卻誤會我「是平常顧客應對做得不好」因而受到了責備。雖然我無法接受，但覺得就算去申辯也沒意義，最後就默默什麼都不說了。然而不好的感覺卻一直殘存下來。

（30幾歲女性）

「說出來是一時之恥，
不說是一生之恥。」

忍耐能得到什麼？

能夠當場就強勢地回應當然輕鬆，但有些事是沒法說的。如果原因在於是面對著「說什麼都聽不進去」這類型的說話對象，那最佳的對策或許就是「更換人選」。例如，改向能聽得進去的其他人訴說，或是請別人代為說明你的主張等等。

不過，對於誰都會遇到的這種煩惱，首先想要問的是：**「是為什麼，而要忍耐著？」**通常答案大概都是「不想把事情鬧大」、「不想引起糾紛而傷到自己」這類的心情吧？

我很能理解這樣的心情，然而持續壓抑真正的心情，在精神方面並不是什麼好事。過度忍耐、負擔過多，是會導致精神陷入不穩定的危險因素，從長遠來看，為了你自己，應該避免這些事情。日本有句俗諺是「提問是一時之恥，不問是一生之恥」，讓我來改編一下，希望大家能知道——**「說出來是一時之恥，不說是一生之恥」**。

POINT

- 別再「過度忍耐」、「負擔過多」。

自己心裡的
煩躁不安

9

對於無法努力的自己懷有罪惡感

正處於最能在工作上發光發熱的年紀，我也覺得不努力工作不行，然而卻怎麼都提不起幹勁。只能想著至少沒有造成什麼問題就好，每天的工作都僅求能交差。但另一方面，這樣的自己所帶來的罪惡感，成了很沉重的負擔。

（30多歲男性）

不動起來，就沒辦法前進。

沒法努力是因為怕拿不出成果

沒法努力的原因裡，其中之一可能是「已經過度努力，超載了」。但這似乎跟本次諮詢的情況有些不同，反倒比較像另一種被周圍給壓垮、萎縮的狀況。以諮詢者來說，很有可能是「必須拿出成果來」的強迫觀念過於強烈所導致的。都努力了卻拿不出成果，讓自己覺得很羞恥，而且還可能會被責罵……光這樣想，就覺得開始對努力產生恐懼了。

然而，**在還不清楚能否有成果之前，努力這件事本身就是有價值的**。努力的模樣或其過程也都是有意義的。

「雖說如此，可是拿不出成果很丟臉，說過程很重要也只是漂亮話罷了。」會這樣想的你，要知道——**不努力是不會有成果的啊**！別再沉浸在罪惡感當中了。罪惡感不是不做的理由，總之就做吧，就去做吧！只要做好心理準備動起來，人生就會向前邁進。

POINT

- 不努力是不會有成果的。

自己心裡的
煩躁不安

10

老是找一堆藉口

遇到做得不順利的事情，或結果不如預期的情況時，我就會開始找藉口。在覺得可能會不順利時，也會在開始做之前就先找藉口以求降低標準。我知道這是只顧著自保，但就是會不由自主地說出「做不到的理由」。

（30多歲女性）

掌握好「認真面對的方法」，就能不再找藉口了。

學習「認真面對的方法」吧

總會情不自禁找一堆藉口的人，其實是因為**不懂「認真面對的方法」**啊。畢竟一旦認真起來，就不能找藉口了。做得不順利時，一想到會被唸：「什麼啊，就只有這種程度？」對於要認真面對就會感到畏懼，最終，就變得不知道該怎麼才能認真起來了……。

與此同時，也會缺乏讓心靈震動的體驗、更不會接收到讓人感動的力量。這是因為未曾認真面對事物，所以能獲得的體驗也都不怎麼樣。所以，**請去嘗試彷彿連毛細孔都會被打開的震動心靈體驗，或是能讓你感動到起雞皮疙瘩的體驗吧**。可以去看看絕佳景色，或是進行雖不大、但能感受「終於做到了」的挑戰。在積累這類體驗的過程中，你就能理解「過程」比「結果」更有價值，也就不會再有找藉口的必要了。順帶一提，我很建議把這些體驗與其他人共享，並非獨自完成的體驗，會讓人感覺更有價值。

POINT

- 累積感動的體驗，比起結果，更要實際感受過程的價值。

自己心裡的煩躁不安 TOP10

NO. 1：看到別人失敗，內心竟覺得高興

對別人的壞心眼感覺，「只要不說出來」就沒問題。

NO. 2：明明在閒聊，卻被說是講「壞話」

把自己當主詞，來聊聊「你」的事吧。

NO. 3：找不到真正想做的事情

好像無法立即有成果也無妨。

NO. 4：不清楚自己能夠做什麼

與工作欲望、生存欲望相關的「Will」優先。

NO. 5：周圍的人很強，我卻什麼都不會

若是會帶來劣等感的尊重，不要也罷！

NO.6：要如何找出自己的強項？

從「怎麼樣的強項可以讓自己變得更豐裕」開始思考。

NO.7：總會想著「反正就是做不到」

失敗也沒關係，用挑戰來鍛鍊「嗅覺」。

NO.8：遇到不合理的事情也一直忍耐著

停止「過度忍耐」、「負擔過多」。

NO.9：對於無法努力的自己懷有罪惡感

不努力是不會有成果的。

NO.10：老是找一堆藉口

累積感動的體驗，比起結果，更要實際感受過程的價值。

COLUMN

曾是「自我追尋先生」的我，成為職業醫學醫師的理由 前篇

一直過著停滯或繞遠路的人生

就如在「前言」中稍微提過的，我三十歲之前在一般企業裡擔任業務人員。然而三十歲之後，我重新進入了醫學院，以精神科醫師的身分學習及實習，最後如願成為了職業醫學醫師。

「想要當醫師」的孩子或年輕人很常見，但「想要當職業醫學醫師」的人或許就有點罕見了吧？這其中有著很深刻的原因。

在進入一般公司工作之前，我對自身的進退感到極為煩惱，總是停滯著或在繞遠路，我的人生可以說是既不合理也沒效率。

然而，我想正是因為我繞過了很多路，所以才更能理解在一般公司裡工作的許多人的心情。

接下來我想談談為什麼走過煩惱的人生、自稱「自我追尋先生」的我，會成為職業醫學醫師。或許內容會有點多，但若可以的話還是請看看吧。

煩惱的大學時代

人生時常停滯不前的狀況，是從我進入大學後開始的。這個我很少公開說，其實我是半途離開最初就讀的大學，再重新進入其他大學就讀的。因為當初念的並非是我想去的大學，入學後怎麼都無法消除自己心裡的疙瘩，所以就重考了——我還真是個麻煩的人啊。

在重考上的大學裡，我就讀的是理學院的科系，但我又覺得「自己想要生活在更感性、富藝術性的世界裡」，所以明明是理學院的學生，我卻把成為文案撰稿人當作目標。

我曾參加過文案撰稿人的養成課程，也曾想進入大型的廣告代理公司，但並沒有被錄取。我並未放棄，但再次挑戰之後，還是得到一樣的結果，那讓我很失望。

與此同時，當我在參加其他人才服務相關公司的應徵考試上，被問到：「你想要做什麼呢？」的時候，又吞吞吐吐說不出話來。本來應該是為了追求「想做的事情」而前來應徵的，但這才發現原來並不了解自己「想要做的事」是什麼，讓我受到了不小的衝擊。

感覺自己就像「公司的負擔」

所幸最後我還是獲得了那間公司的錄取預定，我心想這也是種機緣，就進入該公司任職了。雖然確實沒能擔任文案撰稿工作，但只要不是辛苦的業務工作，應該都還好吧——然而，這麼想的我卻偏偏被分配到新開發事業部的業務單位，明明當初說的是「業務工作以外」的啊……。

這下可完全不行了。儘管我拚死拚活地做，但仍完全沒有成果。因為我喜歡跟人說話，所以多少還是能取得會談的機會，但卻總拿不到合約。對客人來說，我也只不過是個「不錯的談話對象」而已。

當時的工作方式偏硬，我好幾次都差點倒下去，精神上也十分緊繃。這樣的我，就像是公司的負擔。在感到羞恥的同時，我漸漸地開始賭氣，總是「好想要辭職、好想要辭職啊」地想著。

於是我重新回頭，思考「自己的強項是什麼？」、「自己想要做什麼？」這些問題，煩惱著被寫在本書中的各種煩惱。一番自我盤點以後，最終得出了一個重點。

那就是「與人談話」這一項。

之所以這麼認為，是因為我即便跟客戶談好幾個小時、講到沒趕上末班電車的程度，也並不覺得跟人談話很辛苦。

而且，我也常跟公司同事或團隊成員商談個幾小時，光是認真地傾聽，就能讓人說出「變輕鬆了，謝謝你」並因而感到高興。這才讓我察覺到：「啊，原來我很擅長聽人說話啊，不管幾個小時可以。」

「喜歡跟人說話」要如何活用？

不過，話說回來「那又如何」？我既不知道這種強項要怎麼活用在工作上，也不知道該從事什麼樣的工作。

「當諮商師嗎？」我這樣想著，去上了心理治療師的課程。不過如果想要取得能在第一線活躍的臨床心理師的資格，就必須要就讀研究所才行。

而且還得面對如：育兒中的媽媽、迎向人生晚期的高齡者，或為交友關係所困擾的學生等等跨度極大的客層為對象，關於工作的這一部分，當時的我還不太明白。

然而，我的長處就是不怎麼會輕易放棄，至今還沒有理由要結束這趟自我探尋的旅程，於是我仍持續思考著。

聽人說話讓人高興，是很開心的，比起自己站上第一線去做些什麼，我開始覺得自己或許更適合從事能支持他人的工作。於是，我開始跟企業的幕後無名英雄——也就是負責人事或勞務等職務的人會面，還厚顏無恥地提出了一些現在想起來都覺得有夠失禮的問題，像是：「這個工作有做的價值嗎？」然而，我終究還是不太理解。

我雖然拚命地找尋著適合自己的職業的提示，但始終沒能遇上讓自己覺得「就是這個了！」的工作。這時就在某一天，命運的相逢終於來訪了……！（後續請看第一一八頁的後篇）

Chapter

2

人際關係的煩躁不安

TOP10

所有的煩惱都來自於人際關係？
第二章將就因周遭人產生的煩惱，來進行回答。

人際關係的
煩躁不安

1

無法消除討厭的人造成的影響

在職場上有個讓我很頭痛的人。是大我三歲的前輩，對各種小事情都會一一加以指示。感覺像是被緊盯，我心裡很不舒服，但是對方年紀比較大、又不是壞人，所以沒辦法馬馬虎虎地應付過去。每天一想到會見到這位前輩、要去工作就讓我很憂鬱。就連回到家之後也一樣，都會不自主地想起那個人的作為，讓我在心情上無法休息。

（30多歲女性）

要不要試著仿效那個人呢？

反倒會在意討厭的人的原因

我懂的。雖說我也覺得：「討厭的話，別去在意就好了啊！」但對於討厭的人，反倒會去追著看、變得在意起來吧？

話說回來，諮商者究竟是討厭對方的什麼地方呢？煩惱中有提到對方對於小事會一一指示、感覺像被緊盯而覺得討厭，不過究竟是「為什麼」覺得討厭呢？或許再深入點了解會更好。

到診所來的患者也是，有如此的煩惱的人其實很多。

我雖然總是提出同樣的問題，但**實際上幾乎都會冷靜地做出「因為那人跟自己不同」這樣的結論**。例如，對方做出了換成自己絕對不會做的事情，或者說了自己絕對不會說的話語等等。

結果，原因就是來自於「跟自己不同」所產生的不協調感或厭惡感吧？也因此，會在意對方也是理所當然的事了。

變得不在意「不同」的方法

來介紹能解決這個問題的特別方法吧，那就是**「試著模仿對方」**。

會覺得「我才不要」嗎？你應該不曾仿效過對方吧，應該沒有人會去仿效自己討厭的人才對。

在這個案例裡，經由模仿，你會留意到一般人不曾去注意到的細小事物，或是能夠注意到那位前輩的一些小事，並逐一說出來。

如果照著吩咐嘗試後，沒有出現好的結果，那覺得「當然啊，因為我的做法就是比較好」也是可以的。**請對於自己的做法更有自信吧**。

不過實際上，會有此情形是因為在你深層心理中有著：「對方所說的或許也有點道理……？」這樣的意識，所以才會覺得討厭。

畢竟無論是誰都會想要認定「自己的做法是正確的」吧？正因如此，對於讓你感受到事情可能並非如你所願的人，就會覺得討厭。

換句話說，**如果對自己的做法能有絕對的自信，就不會去在意與你不同的人了。**

去仿效，讓技能提升

反之，在試著仿效之後，也可能出現讓你覺得「啊，好像不錯」的結果。若是如此，就請坦率地想「啊，運氣真好」、「原來也有這種方法啊」，並接受這件事吧！

採用對方意見的結果，或許會讓你獲得來自周遭的好評也說不定。若真如此，說不定還會對於自己在仿效之前的「討厭、才不要」感覺有些不好意思吧。可能的話，還會萌生一些感謝的心情也說不定。

沒有出現這麼謙遜的心情是嗎？就算如此，那至少「討厭到受不了」的反射性厭惡感，應該也減輕了不少吧？

這裡說的「試著仿效對方」，並非是要你特地謙虛地向對方學習的意思。

不論仿效的結果順利與否，對你來說都將有所領會或信服。如果有機會的話，請務必嘗試。

POINT

- 對於與自己不同的對象，容易在意或抱持厭惡感。
- 試著仿效對方。
- 自己如果有了絕對的自信，就不會在意「不同處」。

人際關係的
煩躁不安

2 受人擺佈

總是受人擺佈，難以做出決定。例如在工作方面，上司、同事、客戶都各說各話，不知道應該以誰的意見為優先才好，專案經常因此無法推展。在個人領域方面，也總是受到親人或朋友的意見擺佈，搞得我很累。

（20多歲男性）

擁有能夠做出判斷的「基準」會比較好。

總之要有「自己的意見」

會被人擺佈來擺佈去，或許是因為你太慎於表達自己的心情或意見吧。然而，若無法表明自己的意見，就必須只靠他人的意見來做出決定。假使他人的意見只有一個，那還沒啥困難，但要是有多數意見存在的話，哪個應該優先才對？就成了頭痛的來源了。

要避免這樣的狀況，就需要有「自己的意見」。你可能會覺得：「咦？可是若表達了自己的意見，那討論就會變得更複雜、更難做決定了吧？」但其實並不是這樣喔！

舉例來說，假設現在除了你之外，還有A先生與B先生的意見。你覺得判斷這兩人意見優劣的基準是什麼呢？

是的，就是「你的意見」。這將會在判斷A先生與B先生的意見之時，給出一個比較對象。

到目前為止，或許就是因為缺少了這個，所以你才無法做出判斷。也就是說，**自己的意見，會成為決定、推展事物時的基礎**。

提出主張並非「厚臉皮」

即便這樣說，對於擁有或主張自己的意見這件事，還是會有很多人認為是「很厚臉皮」的，或者覺得「不知羞恥」、「太固執」。

不過，我認為**「意見」並非是為了要說服某人，或是用來成就自己的工具**。

說到底，每一個人都有著意志，也會有意見。那並不一定是相互對立的，也不是用於吵架或為了駁倒對手而存在的武器。

這麼說起來，「自己的意見」感覺就像是**用來判斷事物的基準或尺規**。

這樣的說法是不是比較容易接受呢？

討論變得拖沓無力時的重點

「好，我要有自己的意見！這樣事情應該就能順利地推展了！」能夠這樣想的人，首先要恭喜你踏出了很大的一步。只是很遺憾地，就算擁有「自己的意見」，討論變得混亂拖沓的情況依然會發生。

趁這個機會，就讓我多說幾句，傳授給你「能讓變得拖沓停滯的討論有所進展的訣竅」吧——

- **暫時進入休息時間，或改日繼續。**
- **不在當場勉強做出任何決定。**
- **「感覺討論未能朝著良好方向進展」時，大膽地當場試著分享。**
- **悄悄地對握有提案權的人拜託：「你不覺得再這樣下去會很糟嗎？〇〇先生，請巧妙地做個總結吧！」**

會議或決定事務的場合上，即便所有人都確實有著自己的意見，討論還是可能會朝著奇怪的方向發展。若在沒能做出決定之時思慮過多，就會變得把「做出決定」當成目的，而原本的目的「做出正確結論」便容易半途而廢了。

為此，當感覺到進展方向不太好時，多花點時間決策也是好方法。「想要早點結束」

的心情我能理解，**但比起「早點做個決定」，「做出正確結論」才是最重要的**。

另外，如果對於目前討論的方向無論如何就是感到不安的話，大膽地把這種感覺共享出來，可能就能找到有著同樣想法的人，並讓現場的氛圍為之一變。不擅長提出主張的人，請領導型的人代為發言也是可以的。

決定事務是很辛苦的工作。別一個人負擔過度了，也請借用周遭人的力量吧！

POINT

- 「自己的意見」並不是為了要說服誰或用來成就自己的武器。
- 要擁有能用來與其他人的意見比較的「自己的意見」。

人際關係的
煩躁不安

3

無法對職場上的人說出真實感受

我身處的職場，很注重公司成員間的溝通，以及對個人心理方面的照護，很常有機會與人訴說自己的事情。我覺得這樣的嘗試並不壞，只是我對於要把自我展現給職場上的人看，感到有些困擾。跟上司定期談話時也未曾試過表達真實感受。要怎麼樣才能把真實感受說出來呢？

（30多歲女性）

不勉強說出真實感受也沒關係喔！

「能夠說真心話的對象」並沒有很多

就算不說出真實感受，又有什麼關係呢？我不覺得這是什麼很糟糕的事情啊。

像「表現自我」、「展現原本的模樣」這些概念，雖然被普遍當成傑出成年人的社交技巧，然而，不覺得有點難以忍受嗎？我自己是認為：「像這樣的規矩根本就不需要。」

原本，能夠毫無保留、說出真實心情的對象，在世上只要有一、兩位存在，就已經讓人很感謝了。可以信任到這種程度的人，大家應該都不覺得能有幸遇上一大群吧。

舉例來說，一般可能會認為戀人、夫妻、家人、親朋好友等，容易變成這樣的對象，但其實人數並不會那麼多。

表達真實感受的好處

要說出真實感受，其實很需要有膽量。真實感受不都是美好的，有許多是混沌不清的狀態。所以在說出來的時候，腦子裡肯定會浮現出「說出這種話，會被對方輕視吧」、「應該會覺得我是笨蛋吧」等等想法。即便如此，依然能夠下定決心說出來，就是因為打從心裡相信、信賴談話對象的緣故吧。

另外，我認為想要獲得「安心感」，也是會與人分享真實感受的原因之一。畢竟如果大家都只說些漂亮話，肯定會覺得疲憊，所以偶爾也會想找個人來說些低級無聊話，希望丟臉的自己也能獲得肯定。

換言之，我們會藉由與他人分享自己的想法，渴望去感受「我並不是孤單單的一個人」、「世界上有人能夠理解我」——對他人說出真實感受或真實想法，最大的功效肯定就是這個了。

不需要說出「真實的自己」

這樣說起來，要對與你的安心感毫無關聯的人說出自己的真實感受，不會覺得有些本末倒置嗎？

所以啊，**面對讓你連話都不想說的人，你本來也就不需要勉強去表達自己內心的真實感受**。

或許有些人的狀況是：「不是這樣的啦，我並不是不想說，而是想要說但卻又說不出口啊！」

若你是如此，請再問自己一次——為什麼說不出來呢？

會不會是因為「害怕自己說出真實感受後被否定」、「不想受傷」呢？

這種情況下，我覺得面對會讓你認為「怕說出來」、「說出來或許會被否定」的人，不需要勉強說出自己的真實感受也無妨，等到信賴關係更牢固一些之後再說吧。

如果你不僅是對職場上的人，而是認為「在這世界上沒有誰可以訴說真實感受」，那我的回答會稍微有些不同。但如果情況並非如此，我的結論就是——**對於無法安心的對象，不需要勉強去談論自己的真實感受**。

啊，順帶一提，如果有誰認真覺得「在這世界上沒有誰可以訴說真實感受」，或許第三章「無法信任他人」（第一七五頁）的回答可以作為參考，方便的話還請參照。

POINT

- 談論真實感受是很不容易的事。
- 就算世上只有一個人能夠共享真實感受也無妨。
- 不必勉強對無法安心的對象談真實感受也無妨。

人際關係的
煩躁不安

4
不管說什麼，就是有人會否定

我有個同事，不論我說了什麼，都只會加以否定。雖然想說只要別牽扯上關係就好，但因為現在參與了同一個專案，短期內都有機會遇上。與他一起工作會讓人意志消沉，總是被否定好像也讓我變得越來越沒有自信。

（20多歲女性）

「這個人真的是好可惜啊……」邊想邊在心裡合掌默哀吧！

偶爾會出現「有瑕疵」的人

啊，有喔，像這樣的人。初見時說的話還很正常，好好聽下去才發現是個對一切事物都抱持著否定態度的人，如果一直待在一起，好像連活力都會被他給磨到不見啊。我個人也覺得：「啊，這種的就沒辦法了。」

最好的方法，就是不要跟這樣的人有任何關聯，然而像這位諮商者一般、因為某些事情而迫不得已得接觸的狀況也是有的。就讓我來傳授在這種時候適用的好方法吧，這個方法我也一直在用。

當我有機會跟這種「有瑕疵」的人牽扯上時，我總是會想：**「啊，好可惜的人，真的好可憐。」然後雙手合掌**。

啊！是在心中合掌喔！實際上說出來的話，事情就會變得很大條了。

其他值得推薦的思考方式還有——

「啊，這個人……真的好遺憾啊！」

「這人真的不行啊，好可憐……！」

諸如此類的。

要像演員一樣，在心中吶喊出這些台詞。這樣做可以讓你變得輕鬆些。

悄悄地在心裡鄙視對方

重點在於「戲謔性地否定」，要像是在開玩笑一般地做。我想這樣做，還不算是真的「鄙視」對方吧。

在第一章最開頭「看到別人失敗，心裡竟覺得高興」（第十九頁）裡也曾提到過，**能自行取得內心的平衡，是非常重要的事**。並非要把話說出來傳達給對方，但像這種有些得意忘形的言辭，多少能讓自己稍稍地感覺舒暢些吧。

邊尊重對方，邊否定他。這是有助於維持自己精神健康、相當高級的技巧。

順帶一提，還要注意，請不要使用像「真的應該去死一死」或「混蛋，我要宰了你」這麼過頭的用語。原因在於，像這種猶如刀刃般尖銳的言語，同時也會傷害到你自己的心靈。

雖說帶有一些衝擊，或許更能讓人覺得暢快；但實際上，像「自己會想到這麼過分的事情」、「自己的器量竟然狹窄到要人去死」這樣的想法，也會悄悄地連自己都傷到了。

沒辦法改變對方，所以自己顧好自己

另外，偶爾我們也會遇到容易了解、看來並非「有瑕疵」人。表面上條理分明，所說的話聽起來好像都說得通，但卻總會讓人感到：「奇怪？真的是這樣嗎？」姑且認真對話過後，當下會覺得：「變得更搞不懂了，難道是我弄錯了嗎？」幾乎就要被呼嚨過去。

對於這種感覺有點像精神騷擾、腦子動得很快、自私的自我辯護類型之人，請不需要覺得畏懼。當心情好像逐漸要變得沉悶憂鬱時你要撐住，相信自己的感覺，並且用：「哇喔，頭腦真好耶……有夠煩人的！」這類的話語，把它玩笑化吧——當然，是在自己心裡這樣做喔。

我想大概不會只有你，其他人對於「有瑕疵」的人也會覺得討厭。簡單來說，就因為是「有需要留意的人物」、「要小心應對」的緣故。

沒必要被這樣的人擺佈來擺佈去的。每當我遇到這樣的人，就會跟周圍的人一起像「那種傢伙，一走出門肯定會有鴿子大便掉到頭上」這樣，毫無根據地亂罵一通。這樣讓大家「哈哈」地笑出聲來，不就能變得舒暢許多了嗎？

對於不論他人說什麼都加以否定的人，這種程度的應對是可以的。這樣做的話壓力也能變少，讓大家都好過一些。

POINT

- 對「有瑕疵」的人的言行舉止，不需要接受。
- 在心裡戲謔地加以否定，讓自己覺得暢快。
- 別使用也會傷害到自己心靈的言語。

人際關係的
煩躁不安

5
總是被周圍的人搞得焦躁不耐

同事裡面有許多我行我素的人，做事拖拖拉拉、潦草了事，看了就生氣。還有，在私人領域裡，我跟朋友碰面時，對方總是抱怨同樣的事情或老講些自誇的話語，這讓我覺得很焦躁不耐。不知道是否因為我的個性比別人認真許多，所以遇到別人不認真的時候，總是會覺得很不耐煩。

（30多歲女性）

認可一個人「做得好的地方」，溫和以待吧。

無法對人溫和的理由

對於自己或他人都很嚴格——這類型的人，容易陷入「用嚴格的眼光來看待別人」的模式。

無法以溫和的情感待人，是因為其自身感受到相當程度的壓力，以致於沒有了餘裕。本來，在原先尚有餘裕時，溫和地對待自己就是很重要的；但如果連這點都做不到，就會演變成目前的狀況了。

當你處在這種情況時，**請更溫和地對待他人吧**。雖然我這麼說，但其實不用考慮太困難的事情也沒關係。只要做像是「在電車上讓座給高齡者」、「遇到有困難的人時主動詢問」等再平常不過的事就行了。

能夠做到對人親切，自己也會高興，心裡的餘裕就會出現。如此一來親切與溫和會在社會中循環作用，終有一天回到你這邊來。即便你沒能對自己溫和些，也會因為來自他人的溫和對待，而使心裡的餘裕增長。

試著善意地解讀別人的言行

接下來，就這樣延續下去，面對到目前為止造成你焦躁不耐的周遭人們，也請用溫和的眼光來看待吧。想要能做到這樣，首先要有意識地探尋對方的「優點」及「做得好的地方」。舉例來說，這位諮詢者的同事似乎是「做事拖拖拉拉又潦草」的人。然而，這是透過諮詢者的濾鏡觀察後所得到的印象吧。

斷定「他就是這樣的人啊」之後再觀察對方，所得的結果可能與實際狀況是有所偏頗的。因為這樣子會看不到本來應該存在的事物。可能其他人來觀察也會覺得他「做事潦草」，然而與之相對地，卻也有著「工作速度很快」或「能夠沉穩地面對他人」等等，這樣良好的一面也說不定。一旦先入為主斷定「肯定做事潦草」，恐怕就完全無法看到其他的面向了。

當你面對他人會感到不耐時，請先告訴自己「稍等一下」，幫自己踩個煞車。然後試著找尋「他有沒有哪裡做得不錯？」或者「有沒有好的一面？」

事情必定有表裡兩面，我認為，如果諮詢者能將自己覺得厭惡的事情翻轉過來，必定能夠察覺到其中存在著的良好的一面。

自己滿足被認可的欲望

當察覺到對方好的一面後，為了可能的發展，請把你的發現告知對方，就算只察覺到一些些也好。例如：「這些部分做得很好啊」、「總是處理得很棒呢」之類。

由於這樣的告知，不會讓被告知者覺得不快，所以對方應該也會抱持著積極的善意。當你遇到了什麼問題，便可能提供協助；或是與你一起愉快地共事等。如此就能開啟你跟對方之間的「溫和」循環。

附帶一提，對自己或他人都很嚴格的人，之所以容易覺得焦躁不耐是因為**存在於自己內心的「想受到他人認可」的被認可欲望強烈，常想要從他人那裡獲得評價的緣故**。

不過遺憾的是，若非自己先對社會釋放出這樣的溫和，很難獲得他人的溫和或認可。

請在平常就注意到**「自己滿足自己被認可的欲望」**這一點吧！以旁觀者的感覺，用「做得很好啊，我」、「我很努力呢」這樣的想法，給予自己肯定。

我也會這樣，自己對自己大加讚賞。稱讚自己：「沒有人像你這麼努力呢，好厲害！」、「做得好啊，我自己。其他的人可學不來呢！」之類的。

其他人實際上能不能學得來都沒差。**越是艱困時，越要用自己的「稱讚」讓心志奮發起來。**

或許是因為我平常就會這樣做，所以沒怎麼累積到壓力。再加上我對周圍的人也會立即給予稱讚，所以我的身邊非常地平和。

POINT

- 對自己或他人都很嚴格的人，容易焦躁不耐。
- 有意識地探尋在意對象的「優點」及「做得好的地方」。
- 比起「他人的評價」，「自我稱讚」似乎更能滿足被認可的欲望。

人際關係的
煩躁不安

6 不太會說話，導致場面冷掉

說話對我來說是件很頭痛的事。不但在職場上被詢問意見時沒辦法好好說出來，在跟朋友或女性聚會上也不懂得找話題、不知道該說什麼。很擔心說了奇怪的話會招來反感。然而，被要求發言卻無法加以回應，又讓現場的氣氛變得很奇怪，我覺得很不好意思。

（20多歲女性）

沒說出什麼好內容也沒關係！

發言的好壞是由他人來決定

反正都要發言了，就應該要「說出好內容」——我能夠理解會這樣想的心情。然而，假使這種心情太強烈，反而會讓人變得不知道該說什麼才好。

而且，**基本上發言內容的好壞，都是由他人來判斷的**。你也遇過雖然說話的本人認為「我說得很不錯」，周圍卻陷入靜默的情況吧？相反地，也有覺得「講這種事情沒關係嗎？」怕怕地說出，卻獲得好評價的情況。

不過，能做判斷的並不是自己。因此**費心考量「要講出好的內容」，實際上並沒有什麼意義**。

不說出好內容也沒關係

雖說如此，因為世界上存在著能夠說出讓聽眾沉吟的銳利見解，或貼近他人心情之風趣話語的人，所以我也能夠理解為何會有憧憬著「我也想要說出那樣的內容」的心情。

若你是這樣想的話，**就更有必要積極地發言以累積經驗**。沒有對外表達，就不可能接收到回饋。要透過「原來說出這樣的內容，會得到這種反應啊」這般的學習，來提升發言的品質。

為了累積經驗，總之在一開始時就先把「想要說出好內容」這樣的追求放到旁邊去吧。然後直率地就自己所感受到、思考到的內容來發言。不會有問題的，沒有其他意思的直接發言，並不會被當成是帶有惡意的內容。

而且，**原本受到稱讚、獲得好評就不是「說出意見」的目的**。如果這才是最大目的，那我想我也會怕到講不出話來。

累積經驗，習慣把自己的意見說出口之後，就可以培養出判斷「這個好像可以說出來」、「這個還是不要說了」的直覺，這就是經驗的恩賜。

更進一步來說，應該也會積累到一些自信才對。雖然只是發言，但「自信」是非常重要的喔！尤其是像諮詢者這種類型的人，所缺乏的或許就是自信。

備齊「想像力」與「自信」

另外一項重要的特質，就是「想像力」了。

周圍的人追求著什麼？在想些什麼？說出怎樣的內容會給人什麼樣的感受？如果能擁有對以上問題的想像力，便能夠降低發言偏離目標的機率。

過去的我，雖然有著「自信」，但「想像力」卻不足夠。所以經常大剌剌地說了一堆意見，但都只是以「我認為絕對是這樣的，因為我就是這樣想的！」這類的方式，淨說些沒人能接受的內容。結果，在工作上就拿不出什麼成果來。

這樣的我，也是在累積許多社會經驗的過程裡，了解到了「想像力」的必要性，才逐漸培養起這項能力的。

想像力換言之，就是「對他人的體貼設想」。像諮詢者這種類型的人，與我不同，在提升這項能力時有著很高的可能性。因為你們有著能夠察覺到當下氛圍、能為人著想的特質。正是由於會在意「對方是怎麼想的？」、「該讓對方如何認為？」所以發言時才會如此猶豫。

既然如此，那對這樣的你來說所必須的，就是「自信」了。沒問題的，因為這是藉由累積經驗逐步培育出來的能力，請務必試著大膽地發言吧！

POINT

- 不擅於說出意見，或許是因為覺得「非得說出好意見才行」而負擔過度了。
- 累積經驗，獲得回饋，能讓發言的品質提升。
- 重視「想像力」與「自信」，試著發言吧！

人際關係的煩躁不安

7 工作太拚，跟家人處得不好

工作上的表現受到認可，被公司分配到有責任要求的崗位。對我來說是正如所望，更想要努力工作了。只是，回家的時間比之前更晚了，休假日也是累得一直在睡覺，為此受到了家人的冷眼。我明明就這麼努力了，為什麼家人不能理解呢？

（30多歲男性）

也請你想像一下家人的「努力」吧！

傳達努力工作的「理由」

覺得工作做得很有價值、能夠努力著是很棒的事情！只是，如果過度傾向於工作，那工作與家庭生活之間的平衡，或許就很難以掌握了。

首先想要問的是，你「努力工作的理由」是否確實包含著「家人」在內呢？回答應該是「這種事，是當然的啊！」這樣吧，確實如此啊。有著家庭的人，一定有部分是因為「想要讓家人過好生活」、「想要給孩子好的教育」等等，或多或少都有為家人著想的考量，才會努力工作。

但接著，我要說「然而」了。然而，這樣的想法，你是否有好好地傳達給家人了呢？「這種理所當然的事情，不用說出來也應該會了解吧」、「看了應該就知道了吧，這不是需要說出來的事」……如果你是這樣想的話，那該說是老古板呢？還是該跟不上時代？**想法這種東西，不說出來是傳達不了的。**

你都已經這麼為家人努力了，如果都沒能傳達出來的話，那真的是再可惜不過了。

要傳達，就用能獲得「共鳴」的方法

相信在有如此煩惱的人當中，應該也有些已經傳達過「是為了家人而努力工作」的想法，但卻沒能獲得家人支持的人吧？

會變成這樣，理由或許就在於沒能獲得對方的「共鳴」。

「為了賺取能夠安心過生活的金錢，所以要工作」、「我都為這個家努力工作了，至少在休假日就讓我睡覺吧」、「因為努力工作，所以當然會疲勞啊」……如果像這樣片面地「自說自話」，是得不到對方共鳴的。原因就在於，或許你所說的都是事實，但是其中卻感受不到對對方的體貼與著想。

要想讓人感受到體貼，舉例來說，可以參考下面的傳達案例——

「為了能夠安心生活，我覺得需要努力工作到這個程度，你覺得呢？」

「想要買間自己的房子，也想要賺很多錢，所以我努力工作。因此在疲憊的假日會想要好好地休息，這樣會造成你的困擾嗎？」

不僅是自己的主張，重點在於還要確認對方的心情與狀況。這樣才能讓你的「體貼之意」更容易傳達給對方。

相互認可「扮演的角色」與「努力」

男性在外工作，女性守護家庭——所有人都依照這個型態過活的時代已經結束了。如今的家庭，是不問性別、由所有構成的成員一起打造出來的。如果有了小孩，那育兒也是所有人的事務。雖說如此，我覺得因每個家庭不同，在工作、家事、育兒的角色分擔跟比例方面，有所不同也無妨。只不過，其中的內容或規則，應該是由家庭成員全體討論為基礎，經意見磨合後，彼此都能「接受」作為大前提。

另外，即便在互相都能接受，每個人也都扮演好角色的情況下，也要經常感謝對方的努力與所盡的職責，若不能持續保有相互認同的心情，那將難以維持家庭的和平。

順帶一提，我的家庭在經過討論後，採用的是「我負責工作、妻子負責家事與育兒」

的完全角色分擔制。然而，如果我的妻子是「我也想要在外頭風風火火地工作」或「想在外頭恰如其分地工作」的類型，那我也可以想像得到，我將不會全部都投入在工作上，而是必須配合妻子在外頭工作的程度、來分擔家事與育兒。

這種「想像力」對於維繫家庭關係是不可少的。家庭是最親近，卻也因而容易被忽略掉的事物。**「因為是家人，應該能夠了解吧」這個概念，請丟回過往的年代裡吧！**

POINT

- 要把「努力工作的理由」傳達給家人。
- 傳達時的説明，要能展現「體貼」並獲得「共鳴」。
- 正因為家人是最親近的存在，因此更不應缺少「想像力」。

人際關係的
煩躁不安

8

馬上就忌妒起別人

我會抑制不住對別人的忌妒心。前些日子在公司裡，同事接到大客戶的訂單，明明對公司來說是很值得高興的事，但我卻無法坦率地感到喜悅。對於這種忌妒的心情，該怎麼做才好呢？

（30多歲男性）

努力地讓自己更接近優秀，才是有建設性的做法。

將「忌妒的心情」分解之後……

首先，**你究竟是忌妒「那個人本身」？還是忌妒「成果」呢？先切離開來思考吧。**

或許你會認為「兩者都是」，然而在我的經驗裡，出乎意料地「不知道」的情況比較多。畢竟也有句俗諺是「討厭和尚，連袈裟都討厭上了」。相信光是思考：「咦？我忌妒的是哪邊呢？是本人？還是成果呢？」應該就已經變得稍微冷靜一點了吧？

在思考後，如果發現忌妒的是對方本人，那只好謙虛地學習對方的為人了；如果是忌妒成果，我只能說：「請相信偶然與幸運，謹慎肅然地努力吧！」

也就是說，雖然我能理解羨慕的心情，但可**別跟「忌妒」這個詞混淆了**，請積極正向地思考。忌妒沒處理好，就會是單純地「忌恨」。對方跟自己互相都不會有好心情，也不會有生產力。因此，建議直率地朝「好厲害啊」、「我也想更接近這程度啊」來努力！

POINT

- 比起缺乏生產力的「忌妒」，請積極正向地努力吧！

人際關係的
煩躁不安

9 就是無法跟同事融洽相處

在現在的公司就職已經好幾年了，然而至今依然不太習慣公司的氛圍。周圍的人似乎也在擔心我，會找我聊天、找我去參加餐會等，然而我們還是難以毫無隔閡地相處。

（20多歲男性）

人際關係是「給予與接受」！

親切不會自己到來

我認為這個世上，是彼此間「多虧有你」，人際關係也是如此。這是個循環型的社會，從這個諮詢所敘述「無法融洽相處」的言辭當中，稍微可以感受到被動接受的印象。**想要打破隔閡的話，由自己更主動積極些行動應該也可以吧？**

順道一提，諮詢者周圍的人，是以什麼樣的心情來搭話、邀約參加餐會的呢，可曾想過嗎？答案該不會是「對方擅自湊過來的，所以不知道為何」吧？你會對此覺得感謝嗎？若是如此，應該會很自然地萌生想對這些關懷、用心或親切做出回應的心情，或是自己也想做出同樣的事情吧？

親切並不是上天隨意降下的恩典。是因為有某人的情感存在，才能傳送到你這邊來。如果希望成為這種溫和社會的一分子，請拿出勇氣來，好好地給予並接受吧！

POINT

● 試著想像親切對待你的人的心情吧！

10 為了不被上司討厭而努力著

我的上司是我行我素的類型，對部屬的評價會受到個人喜好左右。由於一旦被討厭，工作就會變得很難處理，所以每當跟上司意見不同時，我便會收起自己的意見、配合上司說話。總算是還努力著，但是如果往後一直都得這樣，光想就覺得沉重。

（20 多歲女性）

要不要試著改變使用能量的方向？

為了不被討厭所做的努力，不做也行

這真的是很辛苦的事啊。如果可以讓對方了解到諮詢者的心情，並取得諒解就好了，然而對許多人來說卻不是那麼容易就能做到的。諮詢者對上司也是，若能夠取得諒解的話應該老早就做了。肯定是辦不到，才會委屈自己配合吧。

本來，你的能量就不需要運用在這樣的人身上，所以**不用積極地面對對方也行**。

「被說了才知道要那樣做，真是可憐的傢伙。」在內心裡面，保持著像這樣把對方玩弄在掌心般的心情也可以啊。至少，不該是朝著「為了不被討厭」，而是往「要怎麼做才能打開心防？」、「說什麼能夠引起關注呢？」來**思考如何把對方拉到自己的主場上作戰，試著把能量消耗在這方向上吧**。畢竟努力不被討厭，也會讓心情耗損。而且說不定，在另一個方向的前方，或許可以出乎意料地找到解決的線索呢！

POINT

● 與其努力不被討厭，不如思考「能掌握住對方的方法」。

人際關係的煩躁不安 TOP10

NO. 1：無法消除討厭的人造成的影響

如果對自己有著絕對的自信，就不會在意「不同處」。

NO. 2：受人擺佈

要擁有可以用來與他人意見做比較的「自己的意見」。

NO. 3：無法對職場上的人說出真實感受

對無法安心信任的人，不勉強說出真實感受也無妨。

NO. 4：不管說什麼，就是有人會否定

對「有瑕疵」的人的言行舉止，不需要認真承受。

NO. 5：總是被周圍的人搞得焦躁不耐

有意識地查探在意的人的「優點」、「做得好的地方」。

NO. 6：不太會說話，導致場面冷掉

重視「想像力」與「自信」，嘗試發言。

NO. 7：工作太拚，跟家人處得不好

把「努力工作的理由」傳達給家人。

NO. 8：馬上就忌妒起別人

與其缺乏生產力地「忌妒」，不如積極正向地努力。

NO. 9：就是無法跟同事融洽相處

想像對你親切的人的心情吧！

NO. 10：為了不被上司討厭而努力著

與其努力不被討厭，不如思考「能掌握住對方的方法」。

COLUMN

曾是「自我追尋先生」的我，成為職業醫學醫師的理由 後篇

遇上命定的職業

業務工作做得不順利，努力檢視自己之後，我還是沒找到能活用自己強項的工作，依然在自我探尋的死胡同裡迷惘著。就在某一天，命中注定的相逢到來了。

那時專案團隊裡有位後輩同事健康出了狀況，於是我陪伴他去接受職業醫學醫師面談。當時那位職業醫學醫師的應對感覺十分冷淡，全程不過幾分鐘，問了後輩的狀況、做出預定停職的決定之後就結束了。在最後的最後，也只說：「看診的診所請自己找吧！」

「咦？就這樣？」我生氣了，面談之後，我去找了那位醫師直接談判並且抗議。

當時我聽到的內容，大概如下——

面談大致上就是以這樣一句的流程來進行的。職業醫學醫師，本來就是只要有醫師資格的人就能夠擔任，所以對那位醫師來說，這並非他的本業。由於並非本業，這也只是在空檔時當成兼職來做的事而已。

……我因為憤怒而顫抖。我還算是個性溫厚的人，但是當時就只感覺到自己很憤怒。對公司職員來說，如果與職業醫學醫師的停職面談處理得不好，是可能會影響到人生的。儘管如此，卻被如此業餘地對待。而且看來似乎對很多醫師來說，職業醫學醫師大概就只是這種程度的工作而已。

我想著，這種不合理的事情怎麼能忍得了。勞動者的精神問題年年都持續在增長，今後問題應該會越來越顯化，因此而受苦的人也會再增加，但對於這個領域的照護卻完全沒準備好。

在那瞬間，我有種感覺，覺得神明似乎在對我說：「尾林君，那你來當職業醫學醫師吧！」

就像這樣，突如其來地。我作為公司職員一路苦惱過來的經驗；勞動者的精神疾患增長的現實；許多職業醫學醫師缺乏傾聽從業人員話語的問題意識；還有，聽別人說上幾個小時都不覺得辛苦、能體會幫上人的喜悅的我。

……我感覺全部的拼圖都巧妙地拼嵌上了。

再加上，那之後遇上的精神科診所醫師的應對，又再推了我一把。

出於對受到職業醫學醫師冷淡對待的後輩的憐惜，我陪他一起尋找精神科診所。我們找到的醫師，跟之前的職業醫學醫師不同，會好好地傾聽患者所說的話。見到這位醫師的應對，我不禁想著「這真是很棒的工作啊」而受到了感動。

當「自我追尋先生」找到自我之後

至此為止繞了許多路、停滯多次的我，在決定「要成為職業醫學醫師」之後，很快就採取行動了。

快到我隔週就跑去找部長，表示要「辭職」。

辭職後，我先到圖書館去，開始參加中心考試的學習。因為想要成為職業醫學醫師，首先要取得醫師執照，所以我為了進入醫學院的考試開始唸書。然而這時我發現了讓人高興的失誤——原來有好幾個醫學院是可以從二、三年級開始唸起的。現在想起來，連這訊息都不知道就敢辭職的我，實在是……。

我報考了插大考試的大學醫學院，雖然說在面試時很重視「人格」，但我對於這部分是抱有自信的。再怎麼說我都喜歡跟人說話、有著很強烈想要幫助人的想法，也還擁有出社會的經驗。在我心裡有股很強的決心，一定要成為優秀的職業醫學醫師。我不知道跟這有沒有關係，但我很順利地通過了錄取率只有三十分之一的考試，重新成為大學生，開始學習醫學。

不論以哪個科別為專業，都能夠獲得職業醫學醫師的資格，不過我對人的精神領域感興趣，而且我覺得職業醫學醫師也適合由對精神方面熟悉的醫師來擔任，因此我沒有猶豫地選擇了精神科做為專業。

滿受偏見的「職業醫學醫師」

當我告訴教授「想要到精神科去」時，被問了：「咦？你想要學什麼？思覺失調症？癲癇？」我回答道：「我想當職業醫學醫師！」那時教授呆住的樣子我至今還記得很清楚。像這種情況也還有過好幾次，每當被說「想要賺錢嗎？」、「當職業醫學醫師很輕鬆啊」，我都覺得很遺憾。深深感受到醫學界對於「職業醫學醫師」的偏見，以及其低落的地位。然而，我的決定並沒有改變。

大學畢業後，我在東京都內的醫院完成了初期進修，進入大學醫院的精神科工作。我一邊在長崎的精神科醫院接受專業進修，一邊擔任幾家企業的職業醫學醫師。

順道一提，在「以職業醫學醫師進行的業務」上，我在一般公司裡的經驗就派上過用場。由於當時的同事們後來一個個自己創設了公司，聯絡上之後，我便會問：「你那邊需要職業醫學醫師吧？」是的，一切都不會白費！

那麼，關於我成為職業醫學醫師的自我追尋之旅這個專欄，就寫到這邊了。我是個迷惘何其多的人，各位讀者應該都已經了解了吧？我邊寫著，還邊因為「我的煩惱跟讀者們的都一樣啊」而發笑。

我想也會有跟我不同，能夠直線往「自己想做的事情」前進並到達的人吧。不過我也親身體驗到，不全都是這樣的人。

工作就是生活。所以很希望健康、好心情地工作的人能夠變多。我一直抱著這種想法，在工作著。

Chapter 3

生活艱辛的煩躁不安

TOP10

在自我肯定上高度敏感、發展障礙……
總覺得，會不會我也是這樣？
關於生活艱辛的煩惱，近年來開始變多。

生活艱辛的
煩躁不安

1 缺乏自我肯定感

常常聽到「沒有自信，是因為缺乏自我肯定感」這個說法，我覺得這根本就是在說我啊！我很怕在他人面前說話，朋友也不多，我不是很喜歡自己。該怎麼做才能提升自我肯定感呢？

（20多歲女性）

就算沒能認同自己也無妨，試著稱讚別人吧！

社會的「稱讚」不足

這是最近非常多人都有的煩惱啊！請容我再說點更過分的，大家常認為的**「充滿自信的人」，事實上並不如所想的那麼多**。

如果一個人擁有會讓人羨慕不已的天生才能，又或者具有特別的能力，就會獲得來自他人的稱讚，變得自信滿滿也是理所當然的事。然而包括我自己在內，**幾乎全部都是「普通人」**。

普通人並沒有一直不停被稱讚的經驗。也因此我們的自信或自我肯定感，只會被培養到一定的程度。

然而，這其實是很令人遺憾的事啊。以我來說，會希望大家再被多多稱讚會更好。並不只「因為做了特別厲害的事所以被稱讚」，諸如「一直都很努力」、「謝謝你的幫忙」**這類更隨意、更日常的「稱讚」，如果能夠在社會上蔓延開來，我想大家都會對自己更有自信的**。

順帶一提，我稱讚人的標準不高。對診所的同仁們也是，總是對他們道謝、稱讚。畢竟感謝或讚賞的心情，只有說出口，才能讓彼此感受到愉悅。而被稱讚了覺得開心之後，自己也會想說：「那我也來稱讚別人吧！」為了創造這樣的循環，我想就應該由自己開始做起。啊，當然我也喜歡被人稱讚，雖然會有點不好意思就是了。

沒得到稱讚的人，來稱讚他人吧

若是可以的話，我會建議諮詢者**要不要也試著從稱讚他人開始呢？**「不是吧，我是希望自己被稱讚，這樣才能提高自我肯定感啊？」你是不是也這樣想？請放心，事實上從結果來說，這也一樣會對自我肯定感的提升產生影響。

本來所謂自我肯定感低落的人，就不擅於自己稱讚自己。正因如此，當他們被人說了：「首先就從認同自己開始吧！」只會覺得很困擾。

既然如此，就把想法翻轉一下吧。不稱讚自己，而是**稱讚別人**。話雖如此，但這實際上做起來難度也是頗高的，因此請如下逐步尋求進展吧——

① 尋找他人的優點。

② 找到以後，說出來讓對方知道。

若你不習慣稱讚他人或被他人稱讚，可能光是要先尋找「別人的優點」，就會感到辛苦。不需要想著當場就立即做出稱讚也沒關係，請先從找尋某人的優點開始練習吧。

當你習慣了以後，再請說出來讓對方知道吧，就算時機稍微錯過了也無妨。這個其實還蠻讓人緊張的，所以就算只做得到一點點也沒關係，請試看看吧。

持續稱讚別人，也會加深對自己的了解

有過經驗就會知道，稱讚一個人可以讓對方感到喜悅。除了自己也會覺得開心，跟對方的距離感更會一下子就縮短，是很美好的體驗。

而重複進行之後，大概很快地你也會收到別人的稱讚，因為**「稱讚」是會循環的**。你受到稱讚覺得高興了，肯定也會想要再稱讚一下某人。當這樣重複循環之後，你的自我肯

定感就會逐步地提升了。

此外，**練習尋找別人的優點，還有一個附加好處是——漸漸也能夠看到自己的優點了**。當你變得更能夠理解他人之後，不知不覺中也會變得對自己更加了解。可能會有「原來我是這種類型的人啊」、「講到這個，我可是不會輸給別人的呢」之類的感想，加深對於自己的理解。總結來說，這就是自我肯定感。

對自己缺乏自信的人，通常對於別人的心情很敏感，也大多是親切的人。如果能把這份關心也用在自己身上，肯定能夠與他人分享這種美好的體驗吧！

POINT

- 「稱讚」是會循環的。試著由自己開始稱讚別人吧！
- 藉由理解他人，也能加深對自己的理解。

生活艱辛的煩躁不安

2 好羨慕別人的人生

在社群媒體上，看到以前的同學、公司同事、朋友們都有很多看起來很快樂的貼文。但相較之下，我自己卻沒有什麼事情值得拿出來發文。大家不論是工作或生活都很順利，讓我好羨慕。我不禁會想，為什麼就只有我的人生是這個樣子呢……？

（30多歲男性）

別人的幸福篇章，最好別太過習慣。

社群軟體是人生「片段」的集成

的確，在社群軟體上經常會有許多「我創業了」、「我結婚了」、「我有小孩了」或「我去留學了」等看起來很開心的貼文。當眼睛所見都是這樣子的貼文，當然會很羨慕別人啊。

雖說「別人家的草地比較綠」，但由於沒有辦法完全都不看社群軟體，這下不就變成被半強制地、持續看著「別人家的綠草地」了嗎？真討厭，這總讓人覺得要活在這個時代，還真辛苦啊！

不過，希望你稍微回想一下。其實**社群軟體上的，也都只是別人人生「片段」的集合**而已。

充滿著你社群軟體畫面的那些幸福篇章，不會全都集中發生在某一個特定人的身上。再怎麼說，那不過就是**「偶爾」會發生在每個人的人生里程裡的事情**罷了。

我想，大家應該都是認為「就是這個了！」然後在嚴格挑選過之後，才貼出這些篇章來的。

社群軟體轉變成威脅的瞬間

雖說如此，但當這些不特定多數的片段集合起來，整體來說也是有著相當的數量。眼看著一大堆別人的幸福篇章，難免會讓人產生「這個世界上的幸福已經如此滿溢了嗎？」的錯覺。

另一方面，合理來說，**在每個人的人生——也就是你的人生裡，快樂事件並不會如此頻繁地發生**。因此從社群軟體畫面中接收到的「世界很快樂」的印象，與「自己就是沒什麼快樂事發生的現實」之間的落差，所帶來的感覺是很糟的。

因著這樣的落差，我們就會進而產生出「好羨慕」、「我跟這些人剛好相反……」等等心情。

這樣一來，社群軟體上的那一大堆幸福篇章，對你來說就成了一種威脅。

努力與喜悅的價值變薄了

另一個令我擔心的點，是人生大事變得「廉價化」的情況。

原本**在你人生裡偶爾會發生的快樂事件，就不是用來跟別人做比較的**。因為你認真地過著自己的人生，過程中所發生的事情與感受到的價值，這些都不能用優劣來評斷。

然而，當數量太過龐大的人生大事及幸福篇章實例如洪水般湧來時，原先那一項項的意義與價值，便會漸漸地變得越來越薄。最後，當自己的人生也遇到同樣的事情時，它就變得不那麼令人感動，甚至也感受不出其中價值了。這一點真的讓人很痛心。

而這樣一來，我們就必然會覺得自己的人生，變得越來越無趣了。

此外，還有一點可怕的是，我們不但會感覺發生的事情「沒啥大不了的」，對於本來想要去達成的快樂事件，也可能會失去「要想辦法實現」的動力。

畢竟，類似的事件，已經有不知道多少親友都達成了。雖然這一件一件都是人們經過不知道多少年的努力後才獲得成果的，但在只擷取成功瞬間、大量發表出來後，一切就都變得陳腐化了。習慣之後，更會不由得想說：「好像沒必要連我也來做吧。」

結果就是，你很可能也會變得跟諮詢者一樣，感覺無趣、就算想要做些什麼努力也都提不起勁來。我想，這樣是非常可惜的。

因此，如果可能的話，**對於別人的成功、幸福篇章這類的事物，最好別太習慣**。即便在社群軟體上看到了，也請別忘了要以這樣的視角來看待——**「這只不過是從每個人的人生裡，切離出來的『美好』精彩場景罷了」**。

POINT

- 社群軟體是方便的工具，但也可能成為精神上的威脅。
- 請別把每個人的人生的片段，拿來跟你的每天做比較。

3 沒有才能也不值得期待，「不怎樣」的自己讓我好難受

近來，該說是對自己完全沒了自信，又或者是因為了解自己的程度而感覺萎縮了。以前還相信「自己應該能做出些什麼」、「應該能夠做到某些與自己程度相符的事」而埋頭努力。然而現在，我已經累積了經驗，了解到自己其實並不是什麼厲害的角色。總覺得好空虛啊。

（30多歲男性）

把「厲害的人」跟自己的人生重疊在一起思考，很危險。

「厲害的人」離我們很近的時代

對你來說，誰是「如同神一般的存在」呢？是你仰慕的人？或是你覺得很厲害的人？還是你所屬業界裡的名人呢？像這樣的人，在稍早之前的過去，都還是一般人難以接觸得到的存在吧。

不過，如今這些人會在社群網站上發文；在各式各樣的媒體上，這些人的動向或發言也會成為被討論的話題。**對你來說「神一般存在」的人，只要靠著手中的智慧型手機，想要了解再多相關訊息都能辦到。**

這是非常方便、劃時代的變化。不用花費太多金錢或勞力，就能夠獲得關於這些人的各種相關資訊，實在是方便到讓人覺得感謝的時代啊。

然而在這個視角的反面，某種意義上來說，這也是很可怕的一件事。為何這麼說呢？**因為當過度感覺「神一般的存在」、「厲害的人」彷彿就在我們身邊時，就有可能把他們當成跟自己比較的對象。**

夢幻故事與現實的落差，讓人疲憊

你已經察覺到我想說的重點了嗎？沒有必要把「厲害的人」與自己做比較。然而，我也非常理解之所以這樣做的心情，畢竟我也會使用智慧型手機跟社群軟體。正因如此，我也充分了解到，世界上比自己更厲害，而且層次高到誇張的人，多得難以計數。

然而，**我並不會把那些「厲害的人」，跟我自己的人生重疊在一起看**。因為如果這樣做，只會讓自己的人生變得很虛無。畢竟不管我做了些什麼，大概都不會出現在教科書上頭；而目前能力所及的範圍內，我也沒設定什麼要讓全世界為之驚嘆的目標。

儘管如此，但滑著智慧型手機時，還是會有種彷彿孫正義這樣的名人，就在我們周遭的錯覺。當然再怎麼說也不可能進展到「啊，今天就跟孫先生一起用午餐吧」這種程度，但他那天都吃了些什麼之類的資訊，說不定透過社群軟體就能找到。

生活在這一切都理所當然的現代，這些強者們厲害的過往故事，出乎意料地很容易就能夠接觸到。尤其，成功者們往往都愛說：「成功很簡單♪」、「我只是做了些理所當然的事而已。」這類的話。

如果把它們當真了，讓自己心中稍微湧起「我也要成功」的野心倒還無妨，但實際上想要照著對方的道路開始思考時，只會突然發現自己根本不知道該從何做起。

這是因為，那些厲害的人們，並沒有將能獲得成功的具體方法都傳授給我們。雖然在自傳或實際知識類的書籍上已經寫滿了各式各樣的技巧，但即使讀過了，也不是所有人都能夠獲得成功。

在察覺到「什麼啊，原來辦不到」之後，我們便會理解到原來在不怎麼樣的自己與那些厲害的人的夢想故事之間，有著很深的落差，明明先前感覺還是離自己很近的人，事實上卻有著遠到不行的距離。這樣的距離感會讓人迷醉、受苦。

平淡地接收「資訊」

諮詢者所述說的精神狀態，正是生存在現代才有的情況。在察覺到「厲害的人」與自己的差異，以及彼此間遙遠的距離等各種差別後，常常就難以再湧現想要努力追上彼此差異的動力了吧。

因此，**對於「厲害的人」的相關訊息，請僅僅當作「資訊」來接收吧**。雖說重複實現的可能性或許不高，但因為所說的內容都是好的，就當成寶貴的知識來接收即可。像「接受神明或佛陀的教誨」一般的感覺或許也不錯。畢竟，對大家來說神明或佛陀那樣存在，其實是沒有必要當成目標的啊。

POINT

- 社群軟體或網路會讓我們過度覺得「厲害的人」就在身邊。
- 把自己跟「厲害的人」放在同個標準上考慮，是很沒意義的。
- 來自社群軟體或網路的資訊，請「平淡」地接受。

生活艱辛的
煩躁不安

4 顧著不被人討厭而感到疲憊

因為害怕會被人討厭，我從以前開始就很會覺察周遭的氣氛，總是會看對方的臉色，一直都是這樣過來的。由於經常意識著不想要被人討厭，跟他人待在一起會讓我非常疲憊。雖然想說如果能讓自己活得更輕鬆一些就好了，但太做自己會招人討厭，對此還是覺得很害怕。

（30多歲女性）

圓滿解決了當下，但代價是你將會失去某些事物。

為什麼不想要被人討厭呢？

因在意別人的臉色或心情，而無法堅持己見，我覺得這樣的人應該很多。這樣的人很體貼，但在另一方面請容我話說得重一些——消極主義與投機主義的人也同樣會如此。可以想見會這樣做的人，多數應該都是至今為止未曾遭遇有人對其極度惱怒；也未曾被人激動稱讚過，總之就是盡量平安無事地、持續追求「比及格再多一點點」的人吧？啊？不是這樣嗎？可是，不想被任何人討厭，就是這個樣子啊。只追求平安無事，不會大起大落地脫離原本的預期，所以也不會出現意想不到的失敗或失態，但相對地，也就不會有飛躍性的成果。總的來說，就是把安定當成努力方向吧。

說起來，為什麼會想著「不要被人討厭」呢？這種事情，應該不需要再說了吧？說的也是，被人討厭再怎麼說都不會是一件愉快的事情。

不過，希望你能稍微想像一下，**如果現在的你，是個覺得「被討厭也沒差啦」的人，**

會獲得什麼呢？

乾脆就試著被討厭看看吧？

你所能夠獲得的，就是**「自由的發言與行動」**。為了不被討厭而迎合周遭人們的行動，換個說法就是「在忍耐著」——以別人為優先考量，掩蓋自己真正的心情或意志，壓抑著自己。

這其實就是很不明顯地在累積壓力啊。我想也正因為如此，這位諮詢者才會前來諮商。忍耐這件事，對於心理或身體都沒有好處。

如果能夠想通「被討厭也沒差啦」這一點，你就不會再需要忍耐了。雖說如此，但因為還要顧慮立場或看面子問題，我覺得無論如何就是沒辦法說出內心話的情況，有時也是存在著的。

不過，**「不可以說出來」與「雖然可以說但不講出來」這兩種狀況，從心態上來說有著很大的不同。**

以自己為優先，所能獲得的東西

「再多表達一些自己的意見或許也不錯」，你會這樣想了嗎？

對於不這麼想的各位，請讓我再推你一把。

採取不興風波或隨風轉舵的原則，乍看之下似乎不是什麼壞事。然而，若總是在推測別人、不在意自己真正心意的話，**漸漸地就會變得不再能理解「自己感受到了什麼」、「自己想要怎麼做」**。

由於失去了以自身意志為本，與事物產生連結的感覺，所以諸如努力的價值感或生存的意義等等，也會很快地萎縮。

一旦變成這樣，不只「為什麼我會在這家公司裡做這種工作？」、「為何我會加入這個團體呢？」這類社會層面的認同，甚至連「自己是什麼樣的人？」、「我能做些什麼樣的事情？」這樣的個人認同也會很快地變得淡薄。

最終，不知為何演變成「有什麼好快樂的？為什麼要活著？」這樣的可能性也是有的。這不讓人覺得害怕嗎？

「這話也說得太誇張了吧？」或許會有人想要這樣反駁我，但關於「不說出自己的意見」、「只顧著迎合周遭人」這類的行為，走到最後，極端點來說就是會有這樣的未來。

若原本很溫柔、體貼他人心意的人，能確實地提出自己的意見，讓性格中的積極面隨之活化起來，這兩者應該是可以並存的才對。

如果對於總是迎合周遭人的自己感到疲憊，請試著問問自己的內心：**「採取這種會削弱自身個人認同的生存方式，真的好嗎？」**

POINT

- 「不被任何人討厭」＝「毫無困難」。
- 總是以別人為優先，自己的「價值」及「個人認同」就會萎縮。
- 試著以「被討厭也沒差啦」來做個了斷吧。

生活艱辛的
煩躁不安

5 覺得自己好像是高敏感族群

最近得知了在電視或雜誌上經常可以看到的「HSP」的特徵，覺得自己好像就是這樣的人。我沒法接受大聲響，遇到悲傷的新聞或意外事件時，感覺就像發生在自己身上，讓我沒法專注於其他事務。職場上只要有誰在發怒，光是看到便會讓我腦中一片空白。

（20多歲女性）

遇到有人在發怒時，請養成思考「是對誰？」的習慣。

HSP的特徵就是「過度敏感」

近年來，因為各種不同的個人性格所導致的「生活艱辛」突然開始受到注目。「HSP」*由於在媒體或書籍上都被大量提及，所以我覺得內心在意起「我自己是否就是這樣？」的人肯定是會有的。

可能有些人還不清楚，所以請容我說明一些關於「HSP」的基本內容。

簡單來說，「Highly Sensitive Person」一詞，正如同字面意義，是指精神上過於纖細的人。一般來說，會有以下的特徵——

- 感受很深刻、很強烈。
- 對於各式各樣的刺激很敏感，容易疲累。
- 對於別人的情感，容易產生共感或情感轉移。
- 容易察覺小變化或刺激。

大致來說，可以定義為在感覺及感性這兩個層面上，都過度敏感的人。附帶一提，這並不被認為是疾病或障礙，最多就是用來表達特徵或特質的一個概念而已。

採取力所能及的對策

由於這是種特質，所以要如何消除ＨＳＰ所導致的生活艱辛，就只能靠自己花心思來下功夫了。如果是對聲音敏感的人，或許可以利用頭戴式或耳道式耳機的降噪功能；對光線敏感的話，在室內也可以戴上太陽眼鏡等鏡片有調整光線效果的眼鏡。請試著把這類穩妥的竅門，運用在日常生活當中。

另外，若能有意識地運用空隙時間閉上眼睛，也有助於減輕刺激。由於人類會透過視覺獲得相當多的資訊，所以藉由一天裡多次，像是強制關機般的閉眼措施，將能夠達到減

＊註：高敏感族群，為「Highly Sensitive Person」一詞的縮寫，指對於外部刺激或情感層面極度敏感、纖細的人。

輕疲勞的效果。

高敏感族群的「日常種種」

如同先前所說的，感覺上的過度敏銳，有很多方式可以應對，但感性的過度敏銳，應對的難度就要高出許多了。

因某人發怒了而感到痛苦得難以忍受，可以說是高敏感族群的「種種日常」之一。明明他是對別人發怒，卻有種自己被怒氣相對般真實的錯覺——會讓人難受的，就是這個部分了。

我對此的建議是，**每次遇到那些憤怒時，都要先好好思考：「那是對誰、對什麼在發怒呢？」**

之所以這樣建議，是因為**高敏感族群總會全自動地、把狀況感受成「是在對我發怒」**，在自己跟他人間的區隔上較為模糊不清。因此，每一次都應該要有意識地，執行

「把自己跟他人區分開來思考」的步驟才行。

一般來說，高敏感族群的思考模式大概是這樣的——

「部長在生氣！」→**「是在生我的氣！」**→「好可怕！」

這就是已經完全自動化地轉變成「他在對我發怒」的感覺了。在這裡，試著來改變成下述的模式吧——

「部長在生氣！」→**「是對誰？為了什麼事？」**→「是在對〇〇生氣，並不是對我。」

→「雖然氣氛很糟糕，但因為跟我無關，所以沒關係，冷靜下來。」

若可以有意識地進行這樣的步驟，應該多多少少能夠消除一些生存的艱辛感吧。在習慣之前或許會有些麻煩，但請務必持續嘗試。

會覺得「不，應該沒必要做到這程度吧」的人，我覺得很可能並不是高敏感族群。或許其中有些人確實是會覺得「可是，遇到誰被發怒或是好像很悲傷的時候，我自己也會很難受」的人，不過我想，你應該只是「很溫柔的好人」。畢竟不管是誰，接觸到他人的負面情感，總是很令人討厭的啊！

POINT

- 「HSP」是指感覺與感性兩方面都過度敏感的人。
- 請試著減少刺激，並意識到與他人之間的界線。

生活艱辛的
煩躁不安

6

只會有話直說，超吃虧的

我總是一想到什麼就馬上說出來，到處在樹敵。察言觀色、溝通時避免說出會刺激他人的話語等，我都不擅長。我知道這樣的個性會很吃虧，但怎麼樣就是沒辦法改變。

（30多歲男性）

能察覺到「這並非我想看到的狀況」，是非常好的傾向。

有自覺，距離改善就只差一步了

諮詢者值得稱讚的地方，就是已經自我察覺到了自己這種個性。此外，還能夠理解這可能會招致自己所不想看到的結果，這一點也非常了不起。關於這種事情，「有所自覺」才是最困難的。

正因為能夠察覺到自己不好的地方，所以接下來就只需要朝向改善來行動即可。沒問題的，感覺很不錯！

首先請試著「慢慢說話」

要解決這問題，一開始要做的，應該就是**「讓自己能慢慢地說話」**。想到什麼就會馬上說出來的人，我覺得多數應該都是講話速度快的人。在經過深思熟慮前，話早早就從嘴巴裡頭跑出來了，因此也常說出些多餘的話。

首先，請有意識地試著讓自己慢慢說話吧，光是這樣做大概就會很不一樣了喔。順道一提，如果你覺得「但我不是講話速度快的人啊」，在這種情況下還是同樣要請意識到，講話「要比自己原本的速度更慢一些」喔！

那麼，慢慢說話之後會有什麼改變呢？首先，你將有餘裕檢討說話的內容。剛剛提過，這種人是「經過深思熟慮前，話就從嘴巴裡頭跑出來了」。正直確實是種優點，然而人際相處也並不是把一切都傳達給對方就行了。**去想像對方會如何理解自己的話語？會有什麼感受？這一點是很重要的。**

有些人能夠像那樣很直覺地做出判斷，但如果你不屬於這種類型的話，就有必要確保在說話之前有足夠時間先想像。講話速度快，便沒辦法有這種時間，因而會給人「不懂得察言觀色」、「常說些多餘的話」、「說話不留情面」的印象。

每次都要想像「對方會有什麼感覺？」

或許已經有人發現了，這項對策的重點，不僅是「慢慢說話」而已。**「想像對方的感覺」**，以及更進一步地**「把話吞下去、別說出來」**等，也都是必須的。

簡單整理如下——。

①接受對方的言行舉動，建立起某些印象或感想。
②在開口說話前，想像「現在要說出來的話，對方會有什麼感覺呢？」
③若判斷「可能會傷到人」、「說了或許會被討厭」，就把要說的話吞下去。
④只有當感覺「說了應該也沒問題」時，才「慢慢地」說出來。
⑤重複前面一～四步驟。

整理完整個流程後，才發現還蠻多程序的呢。由於必須在對話當中不停地重複這些程序，所以若是講話速度很快，就會覺得難以應付，思考跟不上。

不過，基本上只要在心裡做好慢慢說話的準備，就有可能做得到。雖然還不習慣時可能會覺得「要逐一去想像對方的感受、還非得把話吞下去不可，真的很麻煩啊」，但這些都會逐漸習慣的。等變成習慣之後，也就沒什麼了。

附帶一提，這項技巧不僅對於講話速度很快的人有用，也建議心情焦躁、難以冷靜下來的人可以嘗試。其實說起來，我以前也是說話很快的那種類型。每次提起這一點，都常被現在認識我的人說：「假的吧！」如今的我因為職業特性，已變成了會很沉穩地、慢慢說話的類型了。

也就是說，**講話很快的習性是可以被改變的**，我自己就是證據。而且改變之後，感覺在某種程度上，行為舉止之類的好像也變得比過去更柔和、沉穩些。**精神層面上也更安定了**。

覺得如何呢？有沒有變得有動力了呢？好不容易都自我察覺到了問題點，距離解決就只差一步了呢！我會為你加油的，請試著努力看看吧！

POINT

- 心裡要記得「想像對方的感受」、「把話吞下去，別說出來」。
- 訣竅在於「慢慢地」說話。

生活艱辛的
煩躁不安

7 不怎麼了解「自己」

我從事業務工作，總是花費心思在顧客或上司身上，然而對自己，卻變得不怎麼了解了。在自我成長類書籍裡常會看到的「自我軸心」，該怎麼樣才能做得到呢？

（30 多歲男性）

請留意「自我規則」。

「自我軸心」的製作方法

所謂的「自我軸心」，聽起來好像很誇張還帶點帥氣，但事實上這並不是很難以辦到的事。若換個說法，就是做到像「例行公事」或「規範」這種程度就行了。

以我的情況舉例，「不說別人的壞話」這項就是我在自己內心裡做出的決定。說是決定嘛，其實也就是從以前開始，便盡可能讓自己去做的程度罷了。

像這類在自己心裡下了決定的事情或習慣，跟是否正確無關。我不說人壞話，與其說是因為決定了「不說」，或許更該說是由於自己個性「說不出口」的緣故。

然而，多虧了這種習慣，周遭的人似乎認為我是「誠實的人」或「好說話的傢伙」，看待我的眼光中都多出了**某種標籤**——我被貼上了「尾林是這樣的人」、如此帶有**正面意義的標籤**呢。

這使得存在於我心裡的「很重視的事」，在我與外界周遭人產生的關聯當中，立體地膨脹了開來。而這，就會變成「自我軸心」。

把對自己來說「理所當然」的事，當做信念或軸心

那樣想來，各位也應該都有些什麼「自我規則」、「約定」、「例行公事」吧。

以這樣的角度跟認識的人談話後，有人告訴我他有一項自我規則，就是每年必定會去參加在北海道舉辦的搖滾音樂節。那個音樂節好像是在八月時舉辦的，因此這個人在尋找工作時也會有著「沒辦法在這時間帶休假的公司就不去了」這樣的基準；換工作時，也會先討論過「因為八月要參加音樂節，所以要有特休假」才前往該公司任職，可說把自我規則踐行得很徹底呢。

由於他每年都會前往北海道，所以熟知北海道的美食，在他如今任職的公司裡，可是被說「只要是北海道的店家資訊，問這傢伙就沒錯了」呢。

……現在你能夠抓到我想要表達的內容了嗎？對這個人來說，參加音樂節已經成了他的一個軸心。因此給了周圍的人，他是「為了最愛的音樂節，八月時絕對會休假的傢伙」這樣的強烈印象。

我認為，如此就形塑出了這個人的「個人特質」或「人格」。

即便是「鞋子一定要從右腳開始穿」也行

有些煩惱的諮商者，也請試著回想自己是否有什麼自我規則或堅持之類的事物吧，不是什麼很出色的事物也無妨喔。即便是「鞋子一定要從右腳開始穿」或「喝酒後用拉麵來做結尾必不可少」都沒有關係。**重視這樣的小小習慣，就是形塑你的「軸心」過程中的一部分。**

這些事不但會對自己產生作用，還會把周圍的人都帶進來，讓你在不知不覺間變成自己與他人都認可的「角色」。只要能夠達到這程度，你便會覺得「不了解自己」這樣的煩惱，好像也都沒什麼關係了。

說起來，我有個朋友，過了四十歲之後迷上了職業摔角，還開始了職業摔角選手們在做的肌肉訓練。做著做著不但變得更健康，還說：「生活方式都改變了耶！」

這樣的結果，也是來自於「職業摔角」相關的某種自我規則、堅持以及「軸心」所發揮出來的功效。能打造出這樣的軸心，不僅對於確立「自我」有所助益，還將有助於開展新的人生或生活。

POINT

- 嘗試找出「自我規則」、「例行公事」。
- 不論多小的軸心，都能是形塑自我的一個開端。
- 若能打造出軸心，人生跟生活都將增添色彩。

生活艱辛的
煩躁不安

8 在意著各式各樣的事情，無法集中

明明有許多應該要做的事情，卻被各種事物分散了注意力，沒法專注處理。諸如：隔壁團隊的新進人員指導、上司們彼此的權力關係、同事的戀愛問題等等，我很容易會在意這些跟自己沒有直接關係的事情，導致無法集中在自己的工作上。

（20多歲女性）

在自己做得到的範圍內，試著整理出「在意的理由」吧！

處在莫名其妙的狀態，不管是誰都會不舒服

明明是非集中精神不可的時候，卻注意力分散、冷靜不下來，應該誰都曾經有過這樣的經驗吧。這種時候越是想著「非得專心不可」，就反而越是焦躁、心情難以沉穩下來，真的很讓人困擾。

手上的工作量過多，或是原本個性就有點注意力不集中的，都很容易陷入這樣的狀況。為了無論如何非得集中精神不可的你，在此要傳授一項策略。

那就是——**對當下引起你注意的各種事物，賦予秩序**。

為什麼你會在意那項事物呢？請把背後的理由明確列出來，找出某種程度的法則性或規律性。

一直面對著隨機且混亂的事物，會感覺到有壓力是理所當然的。**之所以「不知道為什麼會覺得在意」，或許就是因為你的頭腦跟心理都已經處在混亂當中了吧**。無論是誰，處在莫名其妙的狀態下，都會覺得心裡不舒服、不愉快的。

一旦了解根源或原因，就會覺得很舒暢

乍看之下是隨機、無秩序的事物，究竟要如何去掌握彼此間的關聯性？在此所運用的思考方式跟醫學是有所共通的。

舉例來說，「想吐」、「左肩膀會痛」、「呼吸困難」這些症狀間，看起來似乎沒有什麼脈絡存在吧。然而事實上，這個就是心肌梗塞的症狀。聽到病人說「胸口悶悶的，左肩膀處會痛，還有些呼吸困難」，就能推導出「可能是心肌梗塞」——醫師們可是每天都在鍛鍊著這樣的能力。

與此相似地，你會在意的事物之間也很可能存在著某種根源。或許，不是出自特定的什麼原因，而是可以做到某種程度的關聯思考也說不定。

舉例來說：「我在意的都是些跟戀愛有關的事情，或許是因為我對戀愛很有興趣吧？」、「有人焦躁不安時，我就不自禁地會覺得在意，或許是因為我小時候，經常被責罵的緣故也說不定」、「現在會在意這個，是因為最近我也發生了同樣的事情」……，就

像這樣，不管怎麼樣的內容都沒關係。

「會在意的理由」，總之只要自己能夠接受就行了。

靠「後設認知」接納現在應該要做的事情

像這樣，自己從客觀的角度來自我掌握，就被稱為**「後設認知」**（Metacognition）。「Meta」有著「高次元」的意義，就像是**有另一個自己從高處朝下看著自己**那般的感覺。

如果能對混亂中的自己進行後設認知，那麼當下究竟應該做些什麼，就會變得很明確。例如：業務多到不知如何安排優先順序而慌亂時，如果能察覺到自己的狀態，那應該就能做出「首先應該冷靜下來，決定好優先順序」這樣的思考了。

還有，察覺到「因為這個那個原因而分散了注意力的自己」時，或許就能切換為「原來如此，我知道原因了，接著要怎麼做呢」的狀態了吧。

又或者，也能夠單純地察覺出「眼前非做不可的事情讓人心累，自己在無意識中開始逃離現實了」。

考試已經很接近了，但卻開始在意桌面而整理了起來，或是留意起還沒讀過的課外書就拿起來讀。像這種情況，如果能藉由後設認知的過程，發現「啊，原來我只是不想唸書啊」，或許就能產生「沒辦法，還是得唸啊……」的覺悟也說不定。

無法集中精神的理由有各種模樣，但首先請冷靜下來，試著想想：「我究竟是為什麼會在意這個呢？」欲速則不達，舒暢的心情或許更有助於集中精神在工作上。

POINT

- 隨機、無秩序的事物，會讓心情變差。
- 探尋或找出「在意的理由」之間的關聯，進行整理。
- 遇到注意力不集中的理由及狀況時，藉由後設認知讓心情沉穩下來。

生活艱辛的
煩躁不安

9 無法信任他人

我沒辦法相信別人。雖說職場上司或同事都會打招呼、關照我，但我還是覺得「沒辦法信任」而警戒著，無法營造良好的關係。由於我從以前開始就一直是這個樣子，所以也沒特別感到有什麼困擾，但想到「這樣下去，或許一直都不會有親近的人出現」，還是會有孤獨的感覺。

（20多歲男性）

試著培養把自己交託給對方的感覺吧！

無法信任別人的人，不會被信任

沒辦法信任他人，就表示自己也沒辦法獲得對方的信任。雖然這位諮詢者表示並沒有特別覺得困擾，但我想如果沒辦法被人信任，人生還是會很寂寞的吧。

既然諮商者自己也說似乎有孤獨感，我推估應該也有一些想要改變這樣的自己的想法吧？

我覺得這會花上些時間，但即便是一點一點地、在限定的範圍內也沒關係，要不要試著從「相信別人」這件事開始做起呢？

如果沒有交情很不錯的人，那就請以能找得到的範圍內最親近的人做為對象，來試著挑戰看看吧。

重複累積自己被人接納的經驗吧

雖然這麼說，但「相信」、「信任」具體來說該怎麼做才好，讓人很難以理解啊。

由於這是比較籠統的詞語，或許光在解釋上就因人而異了，但以我個人來說，大概就像是接近**「對於對方有安心感」**、**「有被理解、被傾聽著的感覺」**這樣的感覺吧。與其論據說明這個那個的，還不如別多想，就像是把自己交託給對方那樣。

如果你能感覺到「這個人讓人覺得安心」、「跟這個人在一起時，總會變得有勇氣」、「感覺自己的想法有傳達到」，可以把這個認為是「相信」、「信賴」喔。或許多數的人，這類感覺都是出現在雙親或手足等家族，或者好友、戀人身上吧。

即便現在沒有這樣的人存在，只要對周遭的人抱持著這樣的感覺去努力，就能夠慢慢地培養出對人的信賴感了。

答案或許就在過去

可能還是會有些人再怎麼留意都很難做得到，腦子裡被難受的感覺填滿，因此而受苦。如果是這樣的情況，或許就有需要回頭看看自己的成長過程了。

以精神科醫師的邏輯來說，這個人所陷入的困擾狀況或難受的心情，原因很可能都來自於過去的經驗或成長過程。

從精神面的發展來說，「信賴別人」是與個人基礎部分有關的。以下的說明僅僅只是「舉例」，例如：在懂得人情世故之前雙親就離婚了、遭受到家人的虐待等，這些事情或許都對此產生了影響也說不定。

即使並沒有這麼誇張的情況，但在與自我存在相關的這一基本部分，若沒能培育出自我肯定感，那就很難去信賴別人了。連自己與生俱來的意義都捉摸不到的人，當然不會有多餘的心力能夠去接納別人。

這般心理與精神上的問題，就稱為「依戀障礙」*，目前已經得知這容易造成與人之間的溝通不良，或帶來生存的艱辛感等問題。

若你覺得：「不對啊，我真的想不起來過去有什麼跟這些有關的情況，但我就是怎麼都無法相信別人！」我認為也不需要勉強自己去找尋原因了。或許原因就在於包含成長過程在內、你至今為止的人生都很艱辛的緣故吧。

如果還是「想要變得能去相信別人」的話，找輔導人員、精神科醫師等第三者來諮商看看也是個方法，他們應該能夠冷靜、客觀且整體地接納你的諮詢。

POINT

- 不相信別人，也不會獲得對方的信任。
- 試著慢慢地挑戰「把自己交託給對方」。
- 包含成長過程在內、過往歲月裡有很多艱困經驗的人，可以找專業人士諮詢。

*註：Attachment Disorder，幼兒期因為某些原因，與養育者之間的依戀無法順利形成，因此在精神層面或人際關係上造成了各式各樣的問題。也稱「依附障礙」。

生活艱辛的
煩躁不安

10 不想讓人看到我的脆弱

要被人看到自己的脆弱，我是有些排斥的。我在別人面前必須要維持安定狀態的想法很強烈，即便是處在困擾或低落時，也認為必須要靠自己來突破才行。

（20多歲男性）

如果能夠自己解決，那就沒必要讓別人看到脆弱喔！

「沒法讓人看到自己的脆弱」是弱點

「脆弱」是多麼不清楚的語詞啊！

所以，首先我們來試著把它究竟是指什麼樣的內容，更具體地化為言語吧。好好地把自己的內心具體化、言語化之後，發現「意外地其實什麼都沒有」、「化為言語之後其實也沒什麼」的情況還挺多的呢。

以這位諮詢者的情況來說，是否真符合於「即便是處在困擾或低落時，我也認為必須要靠自己來突破才行」的描述呢？

如果真的就打算只靠自己來做些什麼的話，好像也**沒必要勉強去找人討論、或是讓別人看到自己的脆弱**吧。當然，如果真的變得想要找人談談的話，我覺得就去談其實也是很好的。

之所以排斥展現脆弱，有可能是因為，害怕若把自己哪些脆弱的部分展示在人前，會被認為是「脆弱的人」吧。可是，任何人都無法只靠著強大而生存，**就算有脆弱之處也完全沒有問題**。

對想著「我才不脆弱！」而一直逞強著的人來說，「沒法讓人看到自己的脆弱」，這一點本身就是個弱點了啊。

POINT

- 試著把「脆弱之處」給具體化、言語化吧！

生活艱辛的煩躁不安 TOP10

NO.1：缺乏自我肯定感

試著由自己開始稱讚別人吧！

NO.2：好羨慕別人的人生

請別把每個人的人生的片段，拿來跟你的每天做比較。

NO.3：沒有才能也不值得期待，「不怎樣」的自己讓我好難受

把自己跟「厲害的人」放在同個標準上考慮，是很沒意義的。

NO.4：顧著不被人討厭而感到疲憊

試著以「被討厭也沒差啦」做個了斷。

NO.5：覺得自己好像是高敏感族群

請試著減少刺激，意識到與他人之間的界線。

NO.6：只會有話直說，超吃虧的

心裡要記得「想像對方的感受」、「把話吞下去、別說出來」。

NO.7：不怎麼了解「自己」

嘗試找出「自我規則」、「例行公事」。

NO.8：在意著各式各樣的事情，無法集中

遇到注意力不集中的狀況，藉由後設認知讓心情沉穩下來。

NO.9：無法信任他人

試著慢慢地挑戰「把自己交託給對方」。

NO.10：不想讓人看到我的脆弱

試著把「脆弱之處」給具體化、言語化。

COLUMN

邊擔任職業醫學醫師，邊在診所當精神科醫師的我的內心

想讓工作者們更有活力

我對商業人士們抱持著很強的敬意，而這也是我之所以從事目前的工作的起點。

我覺得所謂的工作，是指活用自己的能力對其他人做出貢獻，這可是非常令人尊貴的事。一個個商業人士的活動讓經濟運轉起來，就成為了國家活動的基礎。這樣一想，商業人士可是擔負著重要角色的存在呢。

我自己也有曾經身為他們之中一分子的經驗，也正是因為如此（雖然現在已經不是了），**我希望能夠幫忙讓工作者們更有活力**。而這就成了我想以職業醫學醫師的身分工作的動機。

只是，職業醫學醫師的職責是擔當從業人員照護的「入口」及「出口」，並不負責這兩者之間的治療過程。之所以如此，是因為職業醫學醫師會就諮詢者是否有必要在診所接受治療做出判斷與建議，然而關於實際治療的部分，基本上是不去碰觸的。

聽取身心出狀況的從業人員所說的話、掌握目前的狀況，並提出有必要的照護提案。依情況而定可能要判斷是否需要停職。而在要回到職場之前的復職面談上，也要判斷是否能夠無礙地回歸工作。這樣僅作為「入口」及「出口」的判定，雖說是職業醫學醫師業務流程裡理所當然的做法，但我對此還是有著些許的不滿。

為什麼呢？因為一個人出狀況的原因，不僅僅與當下的狀況有關，跟這個人自己的成長過程或價值觀等背景脈絡也有關聯。

儘管如此，僅僅做為職業醫學醫師的立場，要談到那麼深入是有困難的。不過我原本就希望能夠一直陪伴著有困擾的人們，並協助解決困擾他們的事情。只要做為精神科醫師，就能夠做到這些，所以我也開設了自己的診所。

「職業醫學醫師」與「精神科醫師」的分界線

聽我這樣說，或許會有人覺得「尾林對自己當職業醫學醫師諮詢過的對象，會再以精神科醫師的角色來為其看診嗎？」當然能這樣做的話是很理想的（當然，這無關金錢考量），但我已決定了絕對不會這樣做。原因就是，職業醫學醫師與精神科醫師各自的優先事項不同，若以這兩方的立場來接觸同一個對象，可能會產生矛盾。

容我說明一下這是什麼意思。在診所身為主治醫師與患者接觸時，**最優先的是患者的狀態，但也沒法忽視患者的意願**。即便狀態並沒有怎麼恢復，但當患者說「因為還要顧生活，不復職的話會很糟糕的」，我們也只能說「是這樣子的啊……」並開出可以復職的診斷證明，這就是主治醫師的難為立場。

但從職業醫學醫師的立場來思考時，讓並未完全恢復健康的從業人員復職，是會造成問題的。因為對於企業來說，這沒辦法加分。沒錯，**職業醫學醫師要視為優先考量的不僅從業人員，還有企業自身**。

所以，對於做為職業醫學醫師所接觸到的對象，我不會自己為他們進行診斷（雖然可能會以請其他醫師診斷為前提，把他們介紹到自己的診所就是了）。

協助企業與從業人員營造良好關係

在診所，可以確實地貼近患者們的心情、用心治療。在我的想法中，精神科醫師是個完整接受對方人生、個性、想法的工作。由於會進入到對方的成長過程或人生背景等相當深層的部分，所以其責任也隨著這一點而成比例地加重。然而對我來說，這是非常有價值感的工作。

為何這麼說呢？因為越是深層地理解對方，我的心裡就越能獲得強烈的滿足感，「想要幫忙」的欲望也就越強。我會猶如面對自己人生般地接納，並湧現出要想辦法陪伴對方一起解決的心情。累積這樣的經驗、培養起技術之後，另一方面身為職業醫學醫師的工作也會增添深度。伴隨著進入一般職業醫學醫師不會踏入的部分，把一起解決當成目標——如果有這樣的職業醫學醫師在，那不僅對從業人員，連對企業都是頗為加分的。

這是因為對企業來說，從業人員狀況不佳就等於「戰力不足」，會確切地成為困擾。

「○○先生的狀況好像有點糟，真頭痛啊。」一般企業的想法可能就只是如此，但若能以伴隨度高的職業醫學醫師作為中介，那企業（的負責人）就能更等比例地如對待一個人般地，來應對其從業人員。不可思議的是，當詳細了解「○○先生有這樣的背景，還發生了這種事情，所以狀況不太好」之後，**企業那一方就會產生「有沒有什麼辦法能幫上○○先生的忙呢」這樣的想法**。

如此一來，從業人員與企業之間的關係大半都能變得更深厚、更良好。這不但關係到從業人員身心狀態的恢復，也關係著是否可能在短期內復職。

另外，也有可能出現「經過審慎考量後，雖然感到遺憾，但要在本公司達成○○先生的希望實有困難。如果有可能，是否考慮嘗試轉職的選項呢？」這類企業方出於善意提議，從業人員接納了而開始邁向其他前途的情況。

原本可以的話，最理想的狀態就是在該公司復職，但不論任何形式，能夠連結起從業人員與企業彼此的幸福，我覺得都是很美好的結果。

Chapter 4

工作的煩躁不安

TOP10

一起來看看商業人士在職場上，
關於自身經歷、上司或部屬等「各式各樣」的煩躁不安吧！

工作的
煩躁不安

1 感受不到工作的價值

學生時期，找工作的過程有夠辛苦，於是在獲得一家錄取後就終結了求職活動。不知道是否因為任職公司是靠這樣的過程決定的，不論經過多久都體會不到工作的價值感。雖說是當初沒有好好思考的我不對，但若要一直這樣持續目前的工作，會很難受。

（20多歲男性）

請立刻出發尋找你的「Will」吧！

工作上重要的三要素

成為職業醫學醫師後，我發現沒有經過深思就決定要到哪任職的人，以及煩惱「感受不到工作的價值感」的人其實相當多。

話雖如此，但「價值感」可是個相當不明確的詞語啊。有人會認為「成就感」或「成功」就是價值感；也有人把「辛苦過來的過程」當作價值感。究竟該怎麼去定義「價值感」，其實還是頗讓人迷惘的。

不過，在看過這則諮詢內容之後，不覺得跟「現在的工作不是我想要做的事情，所以我也感受不到價值感」這樣的語句很接近嗎？因此，本次就以「價值感＝想要做的事情已經做到了」為前提，來繼續談論。

在第一章的「找不到真正想做的事情」（第三十一頁）裡，我介紹到了「Will・Can・Must」的概念。而這裡的Will，就是我認為諮詢者似乎要追求的事物。至於為什麼呢，因為Will，也就是「想要做的事情」很明確的人，只需要依循著它來找工作就行了，那也就不會出現像這樣的諮詢內容了。

換句話說，諮詢者**比起探尋「能感受到價值感的方法」，更應該去探尋「想要做的事情」**才對。

體會到價值感，就能確定Will

不過，Will與另兩者Can或Must相比之下，是比較流動的，也是浮動性比較高的，畢竟不管怎樣一個人要找到與自己完全契合的事物，通常都需要花不少時間及功夫。

因為這個緣故，基本上**能確定自身Will為何的人，相當地少**。也正因如此，才會出現工作也無法帶來價值感的狀況。

想要切斷這種循環，就只能靠找到自己的Will了。

具體來說應該要做些什麼呢？我能給出最簡單但最強的訊息就是：**「請去進行各式各樣的嘗試吧！」**

請別生氣說：「這什麼具體的都沒說啊！」因為說到底也只能這麼說了啊，真的。因為**在嘗試錯誤與選擇的最終，所會發現的事物就是Will**。

「對自己來說，什麼是我的Will」這件事，只能從未知當中去摸索。看來似乎是很沒有效率的做法，但想在這件事上追求效率及合理性，其實是很沒意義的。

一點點也好，開始去做某些嘗試吧，你可能會發現分不出所嘗試的事物是「好」或「不好」，這是因為在你內心裡，尚未形成判斷基準。

從這層意義上來看，也正是在傳達「請做出各式各樣的嘗試」這樣的訊息。

「體會不到價值感」的經驗也有價值

我想說的事情，有稍微傳達給你了嗎？

也許你會覺得「現在才要開始探尋自我，哪做得到啊」。可是，事實上這位諮詢者如今已經將**「這家公司跟工作內容，沒法讓我得到價值感」這個想法本身，也當成了他探索Will的一部分了**。

舉例來說，你覺得現在的工作哪些地方很無趣呢？可能要增加怎麼樣的要素，才能讓你覺得有意思呢？

……即便只是逐漸開始也好，持續去思考上述這些內容是很重要的。別只想著「好麻煩喔」、「好像在繞遠路耶」，真摯地面對自己吧！

對了，談到探尋自我，我開始現在的工作的過程，或許能夠稍微提供各位參考（連我自己，也是繞了非常遠的路啊……），在第五十八頁的專欄裡已經寫得很詳細了，可以的話請看看吧！

POINT

- 感受不到價值感，是因為你沒有「Will」。
- 現在的辛苦經驗也是找到「Will」的判斷基準。
- 持續思考「自己想要做的事情是什麼」吧！

工作的
煩躁不安

2

遠距離工作，讓人很不安

受到新型冠狀病毒的影響，我們公司也開始遠距離上班了。不需要進公司很輕鬆，覺得真的很幸運，但這狀況持續時間變久後，我開始覺得不安。不了解哪些事情該做到什麼程度才會被認可是「有在工作」；互動也都是在線上，很難知道對方究竟在想些什麼。

（20多歲女性）

請務必意識到「三個OFF」。

不安會隨著不習慣的遠距離工作而來

不，這個真的很嚴重啊。至今為止的工作方式一下就全都變了，我想諮詢者應該會很不安。

不過沒關係，覺得不安的不是只有你而已。**大家都有著滿滿的不安啊！**首先，遠距離工作的哪些地方會讓人如此不安呢？以下我整理了三個觀點——

① 沒有了上下班的環節，很難區分出工作時段。

② 線上會議難以進行意思溝通。

③ 以文字為基礎的對話容易令人感覺冷淡。

首先，「不了解哪些事情該做到什麼程度才會被認可為『有在工作』」這樣的狀態，在不用通勤加上時間有餘裕的情況下，很容易就變成長時間工作。原本不需要做的工作，也會因為不安而被安排進來。這樣持續下去，人就會變得很疲憊。

更進一步來說，全部的溝通都線上化之後，也容易有溝通不足的情況。應該有許多人從之前就有在使用聊天工具，雖說以文字為基礎可以很自在地聊天話家常，但在某些場合裡，卻容易變成「冷淡」、「不清楚真正的意思是什麼」、「一個勁在說」、「只有我在提出意見」等情況。

本來這樣的缺點，有可能靠著會面來修復，但遠距工作就沒有這樣的修復場合了。

消除遠距離工作不安的「三個OFF」

在此我想要提出的是不會造成「三密」（密閉、密集、密接）風險的「三個OFF」。

① SIGN OFF（簽退）。

②「靜止畫面模式」OFF。

③ LIKE「OFFLINE」（猶如在線下）。

①的「SIGN OFF」是指**決定「工作的時間就從這到此為止」，打造出在那之後的「SIGN OFF」狀態**。

就算用的是聊天工具，也會有「在線上」、「離開中」等能表現各自狀態的機能吧，只要使用此功能就可以傳達出「我在休息中」的訊號。周遭的人看到後便能理解：「啊，這個人已經沒在處理工作了啊。」實際上，這也能讓自己的心情處在離線模式。

我自己的情況是，在自家工作時會有四歲及七歲的孩子跑來喊：「爸爸陪我玩～！」讓我在工作與私人的切換上感到很困難。所以我決定，在晚上七點前是工作時間，工作中就把心腸變硬、鎖上房間的門，直到晚上七點才打開。我告訴家人們這是我的「開／關」模式，而我自己也藉此讓生活變得張弛有度。

②的「『靜止畫面模式』OFF」是來自於線上會議的心得。由於是線上活動，很可能因為通訊環境的問題而遭遇延遲或影像破損等情況，讓對話的難度提升。為此，請別像靜止畫面般端坐在螢幕前，要活用動態影像的優勢，**試著讓比手畫腳的幅度變得更大，或是反應變得更誇張些**等。附和他人時也可以表現得比對方更誇張三倍。這樣的程度，可以讓你很適當地將訊息傳達給對方。

採取讓人聯想到「真實」的溝通方式

③的「LIKE OFFLINE」（猶如在線下）是指，在容易變得冷淡、以文字為主的對談中，下功夫使其變成「近似於非線上狀態」。使用電話或線上會議工具都沒關係，但要**盡可能地避免「只使用」文字**。

或許你會覺得這樣太花時間精力了，但藉由共享呼吸及溫度感，會讓溝通的效率格外增加。

在難以與人直接會面的時候，更應該好好地鍛鍊想像力並且積極地思考啊。

POINT

- 對遠距離工作會有不安的，並非只有你。
- 讓想像力動起來，留意「三個OFF」。

工作的
煩躁不安

3 工作進行得不順利，很難受

工作上拿不出什麼像樣的結果，覺得很困擾。我的職業對於想像力頗有要求，而且也要經常與公司內外許多人做協調與交涉，每天行程都是排得滿滿的。這樣的狀況下創意也跑不出來、無法保障成品的品質夠高，讓我覺得很焦慮。

（30多歲男性）

靠別人的力量成就自己吧！

自己一個人承擔著嗎？

啊，我懂，我真的懂啊，事實上我以前就是這個樣子。

在擔任業務人員時，我完全拿不出成果，真的很煩惱。自己漸漸地失去了自信後，越發地拿不出成果來，處在類似於「超級失敗折扣大拍賣」的狀態裡。

我的情況是，沒辦法「靠別人介紹來達成業績目標」，總想著「不是靠自己的力量銷售就沒有意義了」。

但另一方面，也曾經有位超級會銷售的業務前輩，非常擅於借用他人的力量。他除了積極活用代理店家，還會前去向公司內其他事業部門的人說明自己的服務，跟我是完全相反的類型。

該前輩總是心情很好的模樣。讓我覺得：「明明就是借用別人的力量，還一副不計毀譽、世外高人的樣子，我討厭這個傢伙。」

然而在某個時機，我偶然得知其他部門的同期同事，運用了我的商業材料，讓我的業績提升了。

那時候的我，已經因為銷售業績過度處在最低層次，而從精神上開始腐朽了起來，說真的，我很感謝他。而這也終於讓我開始去想：**「原來，借用別人的力量也並不是什麼壞事啊。」**

依靠他人，並不狡詐也不偷懶

職業種類雖然不同，但這位諮詢者現在大概跟過去的我處在同樣的狀況吧？

該不會，是想要靠自己來想辦法解決吧？「我想靠著自己拚命與努力，來獲得正當成果。」你是否就是這樣想的呢？

然而，正是因為曾有經驗，請容我說得強硬些——**認為「可以自行解決」、「要靠自己拿出成果」，其實是相當不自量力的**。

人無法離群索居，工作也是如此。……換成過去的我，這絕對是難以想像的發言啊。

可能有人會覺得，借用別人的力量「好像是很狡詐的做法」，但絕對不是如此。畢竟，怎麼可能自己賴著不動還叫人「去幫我做」啊！

「依靠別人」跟「偷懶」是完全不同的。

能「借用別人的力量」，等級就會提升

妥善運用自己以外的人的智慧或資源，是工作上要拿出成果所不可或缺的要素。

不這樣做的話，工作往往就難以順利推動。或許能夠勉強地推動，但更重要的是，其成果往往會差上一些。

若能接受「自己一個人是辦不到的」，人就會變得謙虛。這樣一來與相關人士的溝通便會更順利，願意協助的人也會增加。

如此一來，工作就會進入順利推展的狀態，很快地成果也會出現。最終，工作會就變成非常愉快的事。

「依靠別人」，是一種技巧，一種技術。

性格上做不到這件事的人，我想應該有很多，然而若能學會這項技術，現在的你就有機會更向上提升了。**靠別人的力量成就自己，超讚的！**

POINT

- 一個人擔起來，只靠自己解決，工作很難順利推展。
- 要心懷感激地，借用別人的智慧或資源。
- 人無法離群索居，請多依靠他人活下去吧。

工作的
煩躁不安

4 在意來自上司或組織的評價

我很在意上司或公司對我會做出什麼樣的評價。我很認真工作，所以覺得應該不會被認為做得不好，但因為常常在意著周遭人的目光來行動，所以很容易疲憊。我希望能夠不去在意評價，更加自由自在地工作。

（30多歲女性）

應該都是會在意的，但這並不是「評價的本質」。

是因何故而被評價呢？

我覺得大家都會在意來自上司或組織的評價。就是這樣啊，如果說完全不在意的話，那就是在說謊吧，我自己也是會在意的。

先試著回到基礎的部分來思考吧。你覺得評價是為了什麼目的而存在的呢？

做出評價，是為了要明確這個人的職能或所處的位置。諸如：自己在公司裡處於什麼樣的位置，以及被要求的能力與現實能力之間的平衡狀態如何等等，就是為了要掌握這些事項才做評價的。

但以諮詢者的情況來看，**似乎是把得到「好評價」變成目的了啊**。這就是我覺得或許將會逐漸偏離「評價的本質」的原因。

搞錯了手段與目的

結果，我想諮詢者最在意的，與其說是評價的內容，反倒更應該說是評價「優劣」的部分。

當然照道理來說人都是會希望獲得良好評價的。而這種問題的究極解答，就是「只要進入一個不會埋沒你的才能、能讓你安心、給你安全感的組織或公司任職就可以了」。

可是，應該不是這樣子的吧？你希望的應該不是這個樣子，否則也不會說出這樣的話來了吧？

那麼，**與其被「好壞」給奪走注意力，不如就關注在「內容」上吧**。對於被指出尚有不足的部分，真摯地傾聽及努力。當然，如果有被稱讚的地方，也要心懷感激地接受——坦率地喜悅就行了。

只要有「評價」，就無法否定好壞的判斷皆會默默地隨之而來。一開始我說的「我自己也是會在意的」指的就是這種事情，不論是誰，比起壞的評價，應該都更想獲得好的評價才對！

然而**評價只是「手段」，若把它當成「目的」就有點奇怪了**，這也就是我想要告訴各位的。

被數字擺弄，得過且過

即便在臨床的場合裡，也會對患者進行心理檢查之類的小小測試。

由於是測試，所以會出現一些數字之類的結果，而我總是會告知患者：「不需要去在意一個個的數字，請關注整體的形勢。」

重要的是，在這個人心中眾多要素的「整體平衡」。就算一個數字特別突出、特別高，但如果與其他數值的差異過大，也只會讓平衡變差，可以說很容易會導致某些問題產生。另一方面，儘管整體來說數字偏低，但只要沒有上下差異過大、能夠取得平衡，就不容易產生問題。

即便出現了平衡不佳的結果，也不需要悲觀。只要「對於較低的部分，自己留意著多下點功夫，並向周遭的人尋求支援！數值較高的部分即是強項，就繼續發展吧！」這樣應對就好，畢竟這不過就是為了積極發展未來考量的「手段」罷了。

注意力受到客觀評價的數值給分散，可能會導致看不到重要的事物。我們從小時候開始就常以「優劣」、「名次」被評價，由於過於習慣，或許有很多大人都會深信這件事就是目的。

但**評價並非目的，而是手段**。記住這一點，無意義被操弄的情況或許就能減少了。

POINT

- 「評價」是為了掌握自身職能或所處位置而存在的。
- 評價並非「目的」，而是「手段」。
- 比起評價的「好壞」，更應該關注「內容」。

工作的
煩躁不安

5 指導部屬不順利

升職了之後，我第一次有了部下。……但是，溝通得不太順利，我覺得自己指導得並不好。對方看起來對工作也沒有很熱心，這不禁讓我的內心焦躁起來。

（30多歲女性）

有好好地說些「無關緊要的話題」嗎？

先打造信賴關係

想先請教一下，平常都跟成員們說些什麼樣的話呢？「只說跟業務有關的事情」的人，如果指導部下時會覺得不太順利，那一點都不奇怪。因為上司與部下並非單方下命令的系統一般的關係，而是「人際關係」。

如果上司只能從業務必要性的觀點來跟部下進行溝通，那麼部下對上司的信賴就沒法順利培養起來。與不信賴的人之間無法順利溝通，那是理所當然的。

也就是說，你覺得沒能「指導得很好」，或許**就是因為未能進行人與人的溝通，尚未建立起信賴關係**的緣故。

「一對一會談」並非專供業務聯絡的場合

事實上，有個讓上司與下屬能夠培養信賴關係、共享資訊的機會，那就是「一對一會談」。各公司的名稱可能不同，像是「面談」、「固定會議」等等，總歸來說，指的就是上司與部下一對一進行溝通的場合。

我在擔任職業醫學醫師後，碰上「一對一面談進行得不順利」這種煩惱的機率還真不小。站在上司立場的人會覺得「不知道該說些什麼才好」；而從部下的立場來看就是「跟上司的一對一會議很難受」。

換句話說，由於上司方不知道該說什麼好，因而演變成「那個有進展嗎？」、「這個怎麼樣了？」之類，滿滿對業務事項的確認吧？從部下的角度看來，被上司追問的感覺是很糟糕的。這樣可無法營造出信賴關係啊！

如果你是有部下的人，我覺得你可以嘗試著**把「一對一面談」當成是「用來了解部下的時間」**。

對方喜歡什麼樣的事物、討厭些什麼、都想些什麼、對哪些事物感興趣、嗜好或將來的夢想、想要做的事情等等。你如果越了解對方是什麼樣的人，那你跟部下的心的距離應該就越能縮短。

必須要有「想了解對方」的心情

此外，採取類似招募員工、面試時那種「請告訴我你今後的願景」等生硬且形式化的問法，是沒有意義的。這樣做對方也會緊張，只會讓心的距離變得更大。

那麼，該用什麼樣的說話方式才好呢？說穿了，就是「閒聊」。聊聊日常生活裡無關緊要的話題或瑣碎的話題。從前面說到的「跟工作毫無關係的話題」裡，才更能窺見到對方的本性。

越能共享「瑣碎的話題」，你就越能理解部下，也更能培育出下屬對你的信賴。

換句話說，這就表示在指導部下時溝通能力是很重要的，或許可以說「閒聊能力」之類的技能也是必須的吧！

雖說如此，說話的技術也沒必要到講話流暢、還能滔滔不絕地帶起氣氛的那種程度。不就有那種說明得雖然不怎麼樣，但努力到讓人恨不起來的業務員嗎？就是這樣的人的銷售成績才會好。因為，能夠打動人心的並非「表面上的資訊」，而是「想法與氛圍」。

就算當上司的不太會說話，只要能夠傳達出「我想了解你，也希望你能了解我」的心情，應該就能夠打動部下的心了。

想要讓指導部下的行動成功，首先對於對方要感興趣，並互相自我剖析、讓對方了解。請記住這些，並試著開始培育信賴關係吧！

POINT

- 藉由重複累積「閒聊」、「無關緊要的話題」，來培養信賴關係。
- 要展露出「想要了解你」、「也希望你了解我」的心情。

工作的
煩躁不安

6 即便努力了 也沒能獲得好評

我有打算要努力工作，但感覺在職場上都沒獲得什麼好評價。由於也已經拿出了相當的成果，如果能夠獲得更多認可，我會很高興的。現在這樣下去，我對於工作的動力好像會變得越來越少。

（20多歲男性）

從三個觀點來重新檢視工作表現吧！

「努力」是主觀的

好不容易都努力工作了，但卻感覺那份努力沒有被認可，這真的讓人覺得很遺憾啊。如果已經交出了適當的產出，卻沒有獲得評價，或許那裡並不是適合你發揮能力的地方。最糟的情況，或許還得考慮調動或換工作。

只不過，還是有些重點要留意。**「努力」這個概念，往往都是主觀的產物。**即使A先生認為「我有努力了」，但在B先生看起來或許會覺得「還不夠吧，還沒有達到努力的程度啊？」也說不定。

換言之，諮詢者的「努力」從客觀來看，是否已經達到值得被評價的程度。在考慮要調動或換工作前，先確認過這一點再進行也不遲。

「三觀點」重新檢視自己的工作態度

這裡要介紹三個觀點，請當成自己下判斷時的指引吧——

①「自我積極度」：會自發地去做嗎？

②「與他人的協同合作性」：能帶動其他人嗎？

③「業務上的影響力」：能帶給組織明確的利益嗎？

「自我積極度」是指，是否能夠全心全意推動工作。顯露出工作得不甘不願的感覺，或給人「這是強壓給我的工作」、「都做雜事」般的氛圍的話，周遭的人很可能就會認為「這傢伙沒有幹勁」。

「與他人的協同合作性」是指，是否能夠與自己以外的人合力推展工作。你是否一個人把工作給擔起來，不跟任何人討論就自行決定一切呢？或把業務往外發包、不尋求公司內部人員的協助等等，這些也都包含在協同合作性的範圍裡。

這個觀點之所以重要，是因為**對你的努力做出評價的，是「別人」**。如果不與人協同合作，你究竟在進行著什麼樣的工作，便會很難傳達給周圍的人。

第三個是「業務上的影響力」。將勞力分配到與公司利益無關的事情上，很可惜，這很難獲得評價。

例如：行政職務的人即使提出了「由於新冠疫情，我每天都很努力幫辦公桌進行消毒」，但這是否會被視為「對公司業績的有著很大的貢獻」呢？我想，大概很難（當然不是因為消毒工作本身不好）。

你的努力對於組織來說有著什麼樣的意義？會帶給周遭的人怎麼樣的影響？如果這些部分都可以明確列出的話，那就會更容易從他人那邊獲得「很努力呢」的評價了。

重要的是，別一個人往前衝

或許有些人會說「可是，我的工作都是些一個人進行的內容啊」。沒關係的，不用把「與他人的協同合作性」想得太難。只要做到確實地向上司報告進度、在方向上有困惑時找人討論這類的事就可以了。

對自由工作者或以接受業務委託型態工作的人來說，指的就是與客戶或委託發案者進行討論或聯絡等事項。或是有家族的人，與家人間溝通討論後調整時程表等，這應該也可以算是。

不論如何，為了不讓「努力」停留在主觀的範疇，**有必要採取讓別人會認為你「在努力著呢」的舉動**。一個人往前衝的結果就是，即便你說：「我很努力做了，請給我評價！」對方大概也只會說：「哪有，我沒看到，跟我無關，我才不管呢！」這真的是很可惜的啊。**請把你的努力，好好地分享給周圍的人吧！**

POINT

- 要評價「是否努力了」，必須用他人的視角。
- 以「自我積極度」、「與他人的協同合作性」、「業務上的影響力」這三個觀點，來重新檢視工作吧！
- 請把其他人帶入工作，「分享」你的努力。

工作的
煩躁不安

7 沒能被委派想做的工作

進公司後，立刻被分配到與自身志願不同的部門。在同期同事中，有的人能被分配到自己想要的工作，讓我很羨慕。雖然我被告知總會有調動的，但已經幾年過去了，目前還是沒什麼動靜……。

（20多歲女性）

有充分展現自己嗎？

最好別期待周遭人會察覺

首先，我想確認，你有充分地展現出「我想要做這項工作」了嗎？因為偶爾會有些人，自身幾乎沒有做過類似舉動，卻悶悶地覺得「沒辦法做想要的工作」……。

如果周圍有人關照到「你好像很適合這項工作」就好了呢！然而遺憾的是，**他人察覺到你真正想法或本質而提拔你這種事情，並沒有發生**。我想確實有些人會很順利地調動到想去的部門並且活躍其中，但事實上，**這是「看似偶然，卻是必然」的結果**。這些人應該也做出了很踏實的展現與努力才對。

話雖如此，我也並非因此而想說諮詢者的努力不足喔。只是，如果你已經有了如此程度的「Will」，應該也會有相當程度的熱誠來展現給周圍的人看，努力也應會是相符的才對。困擾著找不到「想做的事情」的人很多，對於你的「Will」，請更珍惜地來面對吧。

POINT

- 以很煩人的程度持續向周圍展現吧！

工作的
煩躁不安

8

想要辭職，卻很難下定決心

覺得現在的工作不怎麼適合自己。可是為了生活又不得不賺錢，所以也無法馬上辭職。總想著要辭職要辭職，卻不知怎地一直拖拖拉拉至今。

（20多歲女性）

如果心裡不上不下，即便換了工作也可能不會順利⋯⋯。

能與「生活必須」切割開來的話……

能把工作與「維持生活的手段」給切割開來，並不是壞事。因為喜歡的事情——例如：興趣或當志工，也可以用副業的形態來樂在其中。沒辦法像這樣做出切割的人，應該是非得把想做的事情當成工作才行吧。若是這樣，就先尋找自己能認真全力投入的事物吧——也就是至今已經出場好幾次的「Will」。「不是啊～為了找尋這個我已經努力到很累了，但還是想要辭去現在的工作……。」如果你這麼想，請容我說得嚴厲一點：如果是處在這樣的狀態下，**就算改換了環境，應該也不會有什麼太好的結果吧？**

不過，深入思考「自己想要做什麼」，並不是壞事。就算思考後試著行動的結果是「又搞錯了啊」，那也會成為一種經驗與判斷的標準，對你的人生不會是毫無用處的。

人生的過程比結果更重要，我是這樣想的。

POINT

- 若想從事「想要做的工作」，首先就從「探尋Will」開始。

工作的
煩躁不安

9 工作的壓力讓人難以忍受

在進行難度高的工作之前，由於害怕失敗所以採用了安全的做法，最後安全地穩定了下來。不知道能否成功的壓力，實在讓人難以忍受。

（30多歲男性）

這項工作，或許是成長的機會！？

「周圍的期待」與「自己的意願」有落差？

影響力大的工作，或對能力要求超過你現有層次的工作，都會讓人壓力變大。因為無論哪一種都能提升你的經驗值，我覺得若你也有意願的話，不妨挑戰看看。然而，假使完全感覺不到「想要努力」的心情，那就代表**來自周圍的期待，與你的意願有落差**。最好找上司來談談看比較好，或許會被從這個位置上換掉，又或者能夠找到「由上司幫忙承擔一部分壓力」等解決的方法也說不定。

相反地，與你的能力或意願相較之下難度過低的情況，也應該跟上司討論。無論如何，都**不要勉強自己去做無法積極應對的工作**。當感覺哪邊怪怪時，別一個人承擔，請跟周圍的人討論看看吧！不過，如同最初所說的，如果你有意願，難度高的工作更會帶給你成長的機會。請借用周圍人的力量來努力看看吧！

POINT

- 當覺得工作的難易度不太對勁時，找上司商議。

工作的
煩躁不安

10

工作記不起來

轉換工作已經有半年了。對業務的內容與公司的組成等事項，總是不太記得住，我也很緊張，而且總是犯錯。同樣的錯誤犯了好幾次，我覺得自己很沒出息。

（20多歲男性）

或許需要先「整備好環境」。

與其記住細節，更該從理解整體狀態做起

「記住工作」，事實上並不只是單純的記憶問題而已。這個部門或業務在公司裡是被設定在怎樣的定位？工作量大約有多少呢？有哪些相關人員？如果不像這樣從整體角度來理解，就難以順利地推展工作，也會記不住業務的細節。

這對新進員工、轉換工作者，以及剛調動來的人來說，都是極為不利的情況。再加上剛轉換環境難免緊張，本該記得住的事物可能也會記不住。

首先，請從習慣周遭人際關係、掌握業務整體流程與優先順序等開始，**試著有意識地由解決外圍問題做起**如何呢？看似繞了遠路，但這或許才是最近的一條路也說不定。

此外，至今不知在同樣的地方碰了多少次壁、在記不住工作的狀態下多次重複著轉職的人，你的問題可能不在幹勁或毅力上，找專業醫師諮詢，也是個可行的選項。

POINT

- 比起記住細節，更要留意去理解整體態勢。

工作的煩躁不安 TOP10

NO. 1：感受不到工作的價值

感受不到價值感是因為沒有「Will」。

NO. 2：遠距離工作，讓人很不安

讓想像力動起來，留意「三個OFF」。

NO. 3：工作進行得不順利，很難受

人無法離群索居，借用他人之力生存下去吧！

NO. 4：在意來自上司或組織的評價

比起評價的「好壞」，更應該關注「內容」。

NO. 5：指導部屬不順利

展露「想要了解你」、「也希望你了解我」的心情。

NO.6：即便努力了也沒能獲得好評

請把其他人帶入工作，「分享」你的努力。

NO.7：沒能被委派想做的工作

以很煩人的程度持續向周圍展現吧！

NO.8：想要辭職，卻很難下定決心

想從事「想要做的工作」，首先就從探尋「Will」做起。

NO.9：工作的壓力讓人難以忍受

當覺得工作的難易度不太對勁時，找上司商議。

NO.10：工作記不起來

比起記住細節，更要留意去理解整體態勢。

COLUMN

為了能無壓力地活著，精神科醫師會做的事情

想要保持精神健康，要做些努力

我覺得因為自己做了這份工作，反倒活得更沒有壓力了。但我並非生來就是這樣的個性，這比較像是經驗過了各式各樣的事情之後，在不勉強的程度內逐漸改變自己、適應了狀況。

再說現在社會本就是講求速度與數位化。僅僅是正常地過活就很容易累積壓力了，想要能無壓力地活著，必須要自己留意去做些努力才行。

為了保持精神層面的健康，生活中特別需要去注意的，就是「社群軟體」了。正如本

書先前所傳達過的，**毫無顧忌地讓自己沉浸在智慧型手機的世界裡，是風險稍微有點高的行為**。

雖說如此，智慧型手機或社群軟體對現代人的生活來說，也是不可缺少的存在。究竟什麼樣的互動方式，才能夠讓自己的壓力不因而累積，就得要去摸索出適合自己的適當距離感了。

例如：在閱覽Facebook時，雖然不知為何通常都是懶懶地捲動著頁面，但**我會特意仔細地閱讀一則則投稿，接著鄭重地想像每則內容、抱持著源自內心的共享與讚賞的心情，再把它加在自己身上**。

如果是「孩子出生了！」這樣的投稿，那我會以「說起來這兩個人究竟是在哪裡遇到的啊，在職場上嗎？還是因為興趣？」、「那樣的兩個人，相遇、因緣分而結婚，孩子也成了兩人相會的結晶而誕生了啊……」這般去想像各種事情。這樣做能讓我湧現「這是何等美好消息」的感覺，不會覺得自己像被拋下，而能彷彿自己是當事者般地，打從心底給予祝福。

幸福的投稿會變成「威脅」，是因為只瀏覽而未閱讀？

相反地，若是沒有好好地閱讀一則則投稿，只是簡單瀏覽過去，心理多半就只會出現「好棒！」、「真強！」這種程度的感想吧——這其實是非常淺薄的感覺啊！本來應該要積極思考：「真好，我也希望有一天能像這樣。」卻只想著：「嘖，搞不太清楚是怎樣，但這幸福的樣子太犯規了！」忌妒感油然而生。這就是幸福投稿成為威脅的原因。

想像一則則投稿的背景，任意地創作插曲、任意地感動，這樣的技巧在還沒熟悉之前會覺得有些麻煩也說不定。我在一開始時也是花了相當長的時間，來熟讀這一則又一則的投稿。

然而現在我已經變得很習慣了，只要一閱讀，腦子裡馬上就能夠任意地再現出讓人感動的畫面。整體來說，就像是運用動畫或電影的特殊效果，對重要表情或舉止以攝影機來個聚焦特寫那般的感覺。

各位也請務必嘗試看看，可以減少壓力喔！

消除壓力的絕招「哭泣的淨身儀式」

例如在本書中提過的「自己稱讚自己」、「好好地睡」、「在家裡悠哉度過」等，我能夠做到無壓力度日的理由也還有許許多多。然而有一個還沒有說到的，就是「哭泣」這個手段了。

哭泣，是種很棒的解消壓力方式。人在把感情顯露出來時，壓力就不容易累積，而哭泣正是顯露感情的行為。

在前來診所的患者當中，有許多人並不會這樣做，而是一味忍耐著。當真正的感情受到壓抑，忍耐的結果是——有許多人不管在情境上或是心情上，都陷入了想哭也哭不出來的狀態。

被逼到無處可躲的人，很快就會連想笑都辦不到了。這種時候，我會對他說：「有句話說，如果推不動的話就拉看看。**那笑不出來的話，要不要就哭看看呢？**」被壓抑的情感一下滿溢出來、眼淚如同決堤般流下後，在哭完的那一刻，心情就會變得清爽。

附帶一提，我也是個愛哭鬼！就算看兒童節目我也會哭，有難過事情時更是會毫不顧忌地哭。

在工作上有累人的事情時，忍耐再忍耐，煎熬再煎熬，達到最高峰時心情非常想哭，於是就一口氣哭了起來，哇哇哇地大哭——啊，因為很丟臉所以當然是一個人時才會如此。這樣做，可是非常舒服的呢！

哭泣這種行為，並非承認失敗，也不是要傷害他人，**感覺比較像是自己為自己的感情做個結尾**。用哭泣作為撫慰自己的手段可說恰到好處，對我來說是某種如「淨身儀式」般的行為。放開來哭泣後，就會有「啊，身心都洗淨了」的感覺。

小孩子總是馬上就會哭出來吧？但另一方面，哭完接著又會是平常一副平靜的樣子。大人也可以，**我覺得在自己認為適當的時機、適度地哭泣並沒有什麼問題**，沒有一定要忍耐的理由喔！

如同一開始所提到的，不管怎麼說我們都生在一個容易有過度壓力的時代裡。雖說適度的壓力有益於提升努力的動機，但現代人實在是承擔得太多了。

時時與會成為你威脅的存在保持適當距離、別無視自己的感情，好好珍惜著自己活下去吧。

Chapter 5

日常生活的煩躁不安

TOP10

在日常生活裡，也潛藏著讓人煩躁不安的事物。
本章總結一些外人看來或許覺得很瑣碎，
但對本人來說，卻是十分真切的煩惱。

日常生活的
煩躁不安

1

一點小事就止不住焦躁不耐

我不是很容易生氣的那種類型，但近來會因為一些小事就變得焦躁不耐。聽著同事自誇，我心裡會覺得噁心；當部下失誤時，我會想要咋舌表示不快。因為以前並不會這麼容易發怒，我覺得很不可思議。對於自己無法控制情緒感到有些不安，很不舒服。

（30多歲男性）

越是冷靜寬容的人，對自己的焦躁不安就越敏感。

焦躁不安是給自己的「警報」

這樣嗎？會覺得焦躁不安是吧。像這一類的諮商，其實還挺多的呢！

不過，原本就易怒的人絕對不會來進行這樣的諮商。通常都是「看起來很不焦躁不安」、冷靜且寬容類型的人比較多。肯定是因為原本就很靜的人，對於自己心裡的激烈情感會很敏感的緣故吧。

不過沒關係，會覺得焦躁不安，都是有理由的。只是所謂的理由，並不只有「生氣的對象本身」而已。非要說的話，**問題應該就出在把你逼迫到如此的精神狀態的「狀況」了**。依這樣來思考，「焦躁不安」或許是自己給自己類似於警報那樣的暗示吧。

整理狀況的提問

說起來前些日子，也有位在社會上蠻有地位的人，帶著同樣的煩惱來到診所。在旁人看來，他的職業生涯很順利，有家庭，朋友也很多，好像是個沒有什麼問題的人。

我問他：**「在什麼樣的狀況下，會變得焦躁不安呢？」**雖說容易焦躁，但應該也沒有道理一整天都在生氣吧。那個人給出了如下的回答：

「聯絡了老友，卻沒得到回應時。」

「部下製作的文件很馬虎敷衍。」

「平時常去的店家突然公休。」

乍看之下，是毫無脈絡可尋的焦躁不安啊。

就是這樣，事實上這就是重點。本人能夠察覺到諸如**「並不是對特定事物感到焦躁不安」**及**「隨機引發了焦躁不安開關」**的狀況，是很重要的。

接著，我提出了如下的問題：

「你是從何時開始，察覺到自己有這樣的傾向的呢？」

「最近，在你周遭有發生什麼大變化或事件嗎？」

這個人提出來的大事件，是關於「升職」。

於是我立即追問：「升職不是件很好的事嗎？跟焦躁不安好像關聯很遠啊。」

結果對方的表情立刻暗了下來，跟我說：「其實並不真的是這樣。」

……在傾聽的過程中，我了解到公司對他的期待與他本身想要的方向之間有所歧異。而且他並沒有能夠輕鬆討論這些鬱悶的對象。畢竟「雖然升職了，但跟我自己想要的方向不一樣」這種說法，會被大多數人誤解成「是在自誇嗎？」也是無可奈何的。

吐露洩氣話或不安感很重要

直說的話，就是這位諮詢者的心裡已經沒有了餘裕。面對周圍人都很羨慕的升職，自己內心卻未能為此感到喜悅。他就這樣一個人持續帶著如此鬱悶度日，每天都很糟糕。那樣的狀況，足以從平常冷靜且寬容的人身上，奪走其內心的餘裕。也因此，會讓他焦躁不安的事，也是毫無脈絡可尋的。

在這樣跟我談了一陣子後，諮詢者帶著鬆了口氣的表情，腳步輕快地回家了。

聽到這裡你是不是想說：「咦，就這樣？」不不，能在適當場合裡，安心地吐露某種「洩氣話」與「不安」，這種機會實際上是非常重要的喔。若是無法如此，人的內心就會變得越來越脆弱。

接著說回正題，回到一開始諮詢者的狀況吧。首先，也試著整理自己的狀況如何呢？在過程中，還請務必活用前面介紹過的提問。

還有，在可以不用在意羞恥或面子的對象前，試著把心裡所想的一切都傾訴出來，或許會分外地感到舒暢也說不定喔。

POINT

- 當毫無脈絡可尋地焦躁不安時，或許是你正處在「沒有餘裕的狀態」中。
- 試著整理出狀況。
- 如果感到洩氣或不安，就吐露出來。

日常生活的
煩躁不安

2

沒法好好休息

我不太知道該怎麼休息。雖然因為身體很疲勞有睡覺，但會很在意還沒做完的事情，不自覺地就工作了起來。公司雖然要我休個完整的假期，但我腦子裡一直跑出工作上的這個那個預定事項，結果休假的事就一直往後延了。

（30多歲女性）

不休假也沒關係。但相對地，請試著「慢慢」工作吧。

給工作狂的特效藥

確實會有像這樣的人呢，簡單來說就是「工作狂」吧。能不覺得工作痛苦，實在是太好了。

話雖如此，但肯定還是會有「若能休息的話，想要休假」這樣的心情吧。對公司來說，都不休假也不太好，但既然要休假的話，就會想要安心地好好休息啊。

然而，要這種類型的人現在立刻就放下心來悠哉地享受休假，我覺得是相當困難的。

那樣的話不休息也可以啊，暫且啦。

相對地，我建議「要試著比平常更悠哉、更慢、更細心地工作」。既然好不容易的休假日都得工作，那就來嘗試跟平常不一樣的做法吧。

好好體驗「張弛有度」

比平常更悠哉、更慢地、更細心地工作，到底是什麼意思呢？很簡單，你只需要對每個動作都細心以對、慢慢地進行。如字面上的意思，以緩慢的步調來進行即可。

請別急著說「這樣做又會怎樣？」啊，這可是我珍藏的處方呢。接下來就讓我說明，慢慢地工作會產生什麼效果。

請試著想像一下。一直以來都是靠電車、公車、汽車等交通工具來移動的人，如果徒步在同樣的路上移動，你覺得會是什麼樣的體驗呢？「天氣真好啊，太陽好耀眼」、「這邊原來有條小路」、「這戶人家的庭院維護得真漂亮」……我想肯定能夠像這樣，體驗到新鮮的感覺吧。這是因為，行走時跟高速度移動中所看到的景物不同的緣故。

類似這樣的體驗，在減緩作業速度之後也將能夠體會得到。「這個工作，雖然平常都很俐落地就處理掉了，但好像是挺有意思的作業啊」、「這邊再稍微這樣做的話，或許結果就有所不同」……或許會像這樣，得到至今為止都未察覺到的發現呢。

細心地進行，有時也是很有效率的

工作狂們總在時間容許範圍內排滿任務，一個接一個地做下去，所以往往會變成像生產線般、容易漫不經心的工作方式。如此工作迅速，聽起來雖然不錯，但我覺得或許會未能顧及工作的輕重緩急或優先次序。

如果照著這邊介紹的方式來嘗試，將可以體會到什麼是「張弛有度」。當然並不需要連平常都悠閒慢步調地工作，只要活用這次體驗後所獲得的經驗，讓工作張弛有度地進行就可以了。

不過，在體驗過「張」、「弛」兩面之後，我期待你對於工作的意願、面對方式以及感受，都能出現些許的改變。用有點裝腔作勢的說法就是——希望你能比過去更熱愛自己的工作！

就算用慢步調來做事，實際上增加的時間也不會如所想的那麼多喔，因為理解及領會的程度也會隨著花費的時間成比例增加。而這個，對於有效率地推展工作確實也是很重要的。「欲速則不達」就是如此。

我覺得，在能夠體驗到工作上的張弛有度之後，你應該也能漸漸地更加了解「休息

方式」。慢慢地，就能夠去散散步、發發呆、想想事情，總有一天，能感受「啊，休息就是這樣子吧」的日子也會來臨。屆時，在「工作與私人事務」上應該也都能做到張弛有度了吧。

工作也好，私人事務也好，如果漫不經心地面對，就會失去變化而變得無趣。能加上輕重緩急，將這兩方面的樂趣都享受到就太好了呢。

POINT

- 不懂休息方式的人，不休息也沒關係。
- 在休假時，試著「悠閒地」、「慢慢地」、「細心地」工作吧！
- 體驗「張」、「弛」兩方吧！

日常生活的煩躁不安

3 假日也會在意工作，難以放鬆

公司配發了工作用的智慧型手機，結果我休假日也會在意那支手機，沒辦法靜下心來。每當電子郵件的通知聲響起時，都會震一下。雖然不討厭工作，但至少在休假時我想要能悠閒地度過……。

（30多歲女性）

請試著把不安給相對化吧。

「靜不下來」是不安的指標

智慧型手機普及後，做或休就變得很難以區別了呢。即便在休假日裡，也會在意工作上的聯絡，這個我懂的。而「至少休假日裡想要悠閒度過」這樣的心情，我也理解。

這種煩惱，乍看之下感覺與前一則的「沒法好好休息」很像，然而事實上，我覺得這是與「不安」有關的煩惱。在身體「震了一下」這樣反應的同時，我認為「發生了不希望發生的事情」、「討厭啊，好可怕」的心情也就跟著出現了。想要好好放鬆的休假日裡，這樣的心理狀態實在讓人難受啊！

不安不會那麼容易化為現實

若想要讓不安的心情冷靜下來，利用**「不安的相對化」**會很有效果。

例如：現在這個瞬間，飛機從天空上掉下來的機率會有多少呢？那麼，暴徒突然出現的機率又有多少？與此相反地，預期外的好消息來臨的機率有多少？還有，你其實是某個大家族的後裔，至今被當成一般人來養育成長，如今接到你真實血親聯絡你要繼承財產的機率又是多少呢？

……雖說無論哪一項都無法斷言「沒有」，不過，大概都不會發生吧。

「不安」，其實跟這些是一樣的。

「或許會發生也不一定」這種事，事實上沒那麼容易發生。

很可能諮詢者所感受到的不安，其實是「出現了即便是休假日也必須要應對的非常事件之聯絡」吧？不過，這種事發生的機率有多高？試著冷靜地思考看看——不覺得好像也沒有多高嗎？

預先做好「發生時的心理準備」

像這樣，能從自己所處狀況中，意識到去退一步冷靜思索的過程，就是「後設認知」。在第三章的「在意著各式各樣的事情，無法集中」（第一六九頁）也曾經介紹過。

大概就是以第三人般、另一個自己這樣的角度來看待自身的感覺。

不安的相對化，說起來其實就是後設認知。如果你能思考到**「冷靜下來想想，似乎也不用如此感到不安啊」**，那就成功了！

另一方面，可能也有些案例是「沒有喔，那種事情發生的機率其實還不小」的情況。畢竟即便在休假日時，必須回應顧客的業別或公司，事實上也是有的。

符合這些情況的人，就不用考慮「發生的話該怎麼辦」這種可能性了，而是要以發生為前提來考慮會比較好。在聯絡到來之後的應對方式，如：「聯絡上司」、「緊急程度高的話立刻應對，如果不高就只進行預定應對日期的聯絡」等等，請預先在心裡先把規則給決定下來吧。

接下來，只需要依此進行應對就可以了，**若還煩惱著「發生的話要怎麼辦」，就是在浪費時間**。

如果你的狀況是「心理準備沒有做到那種程度，還是會覺得在意」，這樣的人就請下點功夫，讓自己盡量不會去留意到工作用的智慧型手機吧！

順便說一下，我擔任業務人員時期，在休假時會把手機調整為開車模式，幾乎都不回應。我都說「因為在開車，所以沒辦法接聽」。

我有某位認識的人，似乎把關於公司的一切資訊，都從個人手機上給移除了。他休假日時若有餘裕也會看看工作用手機，但沒動力時就直接設定成夜間模式。而且還會放到包包的最裡頭，讓自己看不到。

如果能下這樣的功夫，或許心情上就能稍微做出切換了。請過個美好的休假日吧！

POINT

- 「冷靜不下來」是因為不安很強烈。
- 藉由「後設認知」，試著把不安給相對化。
- 靠著「發生時的心理準備」、「為了能不在意所下的功夫」，來切換心情吧！

日常生活的
煩躁不安

4

忙到沒有餘裕面對自己

無論私人領域或工作，每天都過得很忙碌。說好聽點是充實，但簡單來說就是忙到快掛了，光要搞定每天的任務就竭盡全力。心情方面也很疲憊，雖然想要再一次重新檢視自己，但好像連這樣的餘裕時間都沒辦法確保。

（30多歲男性）

沒有終點的馬拉松，
是跑不完的。

沒有目標的持續奔走，太累人了

人生有時不論私領域或工作都會處在很忙碌的狀況中。如諮詢者所說的，這或許可以說是「充實」，但其自身卻會覺得很辛苦。

由於在心情上也會感覺疲憊，或許有必要更和緩地面對自己吧。

雖然這樣說，但我想你應該也沒有這種餘裕時間吧？那麼，請留意至少要**「決定奔走的期限」**如何？

人在忙到快掛了的時候，會很難去預估時間，也容易變得一團糟。

本來，若賦予優先順序、有計劃地完成事務，也能獲得成就感，然而你可能連慢慢思考這些事的時間跟餘裕都沒有。「不知道何時結束的馬拉松」會帶來精神上的疲憊，並造成消耗。

正因如此，**首先請留意確實地完成「短期目標」，並且每次都好好地品味成就感吧！**

若能這樣做，一系列的流程就會有張有弛，也能多少改善你的「忙碌感」。

好好完成「短期目標」

如果現在有個「開設自己的小茶館」的任務，就可以像「決定店鋪的地點」、「開發菜單」、「決定菜單的價格」這樣，把工作細分成多項，並個別當成「短期性目標」。

若只注意到「開設自己的小茶館」這個大目標，整個過程就會顯得漫長又險峻，很可能走到一半就厭煩了吧，**但只要配合著進行狀況，隨時設定好短期性目標，這段路程也就會走得張弛有度了**。你也就能：「好，已經先完成一個了！」、「又解決了一項啊！」像這樣每次都獲得一些小小的成就感，也是這種做法的優點。

我建議，每達成一個目標，就準備一點給自己的獎勵。去吃些好吃的、好好休息一天，或是買個想要的東西也可以。

這樣一來，隨著一個個目標達成、累積以後，「成果」就出現了。最後，也將有助於達成中、長期的目標。

感覺「無休無止」會讓人難受

當習慣了「決定要奔走的期限」、「重複累積短期目標的達成」之後，最終我們會設定「中、長期目標」，這樣將其落實在每天的任務裡頭，就不會感受到那種忙到快掛掉的感覺了。這是因為，你能夠確實地「逆向推估」的緣故。

然而，在一開始時並沒有必要特別去留意。就算經營者突然宣布「要達成年營業額〇十億」，但首先究竟要從哪裡開始著手才好？該採取什麼樣的措施是效率最好的？都還不知道啊。

同樣的道理，突然要一個還不習慣這種做法的人去留意長期目標，只會讓他感覺到「極度不合理」、「路途太過遙遠」，而沒辦法催出動機來。相較之下，若是只意識「為了先達成本週目標，堅持完這一週吧，然後再好好地休息一天」，不覺得更能夠讓衝勁持續下去嗎？

我實際體驗的結果也是如此。當我意識到「一天的預定看診名單」人數時，會覺得

「今天有三十個人嗎，感覺很拚啊……」；但當我把意識改投向一個又一個患者名字時，心裡就會想著：「啊，這個人換過藥物，不知道有變化了嗎？」、「好久沒看到這個人了呢，症狀是否有變好一些呢？」如此一來，就能夠努力了。從結果來說，感覺變成了一種良性的產出。

人生也好，工作也罷，都像馬拉松一樣。

一段一段地仔細設定目標，邊品嘗著成就感，邊確實地往前邁進吧！

POINT

- 忙到快掛了的時候，對時間的推估容易迷失，也難有輕重緩急。
- 設立「短期目標」，品嘗每一次的成就感。
- 當集中在眼前的目標時，幹勁與產出都容易提升。

日常生活的煩躁不安

5 希望在家裡有屬於自己的地方

我跟家人處得並不是很好，因為回到家裡既不快樂也沒有我的位置，所以長時間待在職場的情況就變多了。現在還年輕，職場上還需要我所以沒什麼關係，但考慮到年紀變大以後的未來，開始有點擔心了。

（30多歲男性）

想要在家裡有塊屬於自己的地方，必須要下點功夫。

你在職場上的強項是什麼？

無論在哪裡，能有屬於自己的一塊地方是很好的。我覺得能感受到在職場上被需要，是件很幸福的事。

附帶一提，你在職場上有著屬於自己一塊地方的理由是什麼呢？我覺得肯定是你發揮出了自己的長處。請具體地稍微舉出些例子吧！你能夠列出多少呢？那些都是你的長處、強項跟武器。正因為有著這些，你才能夠說出自己是被職場上所需要的。

話說回來，**這些強項在家庭裡也能夠發揮出作用嗎？**

家人們知道你的這些強項或魅力嗎？你的這些強項，若能夠在家庭裡稍微發揮一下，那家人們對你的印象，或許也會有所改變呢。

要如何在家裡擁有「屬於自己的地方」

不過，這個方法還有個地方比較有懸念。那就是——「總是只發揮強項的話，會讓人很累」。

我想不管是在工作或休息狀態，心境與姿態都沒有變化的人應該極為稀少，幾乎所有人都會在工作或休息之間找到張弛的規律。也因此，在職場上發揮出來的特性或能力，通常不會持續在家庭裡也展現出來。我想並非辦不到，而是一直這樣的話，實在很累人。

舉例來說，就像我吧，在工作時總是扮演著「聆聽者」的角色。這樣看來，應該會覺得我在家裡也很擅於傾聽才對吧？但不是喔，我覺得如果我能做到的話，妻子應該心情會非常好，家裡也會快快樂樂的吧。

然而我察覺到，如果在家也要徹底扮演聆聽者，會很累人，實在辦不到啊！相對地，如果扮演「說話者」，應該能讓我覺得很舒暢吧，加上我又很想試試用講的來講贏我妻子——結果，這也辦不到，太累人了。於是，最後摸索出來的，就是「發呆放空」的模式了。

所以我總是在家裡發呆。孩子看到時都會擔心地問：「爸爸怎麼了？」不過，這卻是對我來說，在家裡最輕鬆的型態了。

一起討論在家裡「想要怎麼過」

「家人能夠理解真好啊，我們家就不是這樣了。」這話讓我像是被吐槽了一樣，但實際上，話裡存在著一個超級關鍵的重點。

那就是，在找出最輕鬆的型態之前，所有的嘗試錯誤與心情，都得要好好地**與家人們共享**。

獨自這樣做的人，大概會被認為就是個只顧自己的任性鬼吧。正如第二章的「工作太拚，跟家人處得不好」（第一〇三頁）裡曾經說過的，我家是「我↓工作；妻子↓家事與育兒」的角色分擔制。但就算這樣，如果妻子不能理解我在家裡時想要怎麼過，那我想感覺焦躁或產生誤解的情況肯定是會發生的。

然而由於我們已確實地共享了這些狀況，妻子會幫忙跟孩子說：「爸爸工作得很累，所以就別管他吧。」對於這樣的妻子，我總是懷抱著感謝的心情，也盡可能地想把這樣的心情傳達給妻子。

說了許多關於我自己的事情，有讓你稍微察覺到提示了嗎？想要在家裡有個自己的地方，我覺得這樣的心情是很合理的。正是因為在外頭拚命努力著，才會更想在家裡有個能感到安心的地方吧。

要不要試著把那份直率的心情傳達給家人，一同討論一下你想要怎麼樣過呢？討論時，可以運用第二章裡介紹過的「想像力」。請別忘了，要在展露體貼的同時，把內容傳達出去。

POINT

- 試著思考自己在職場上發揮的「強項」是什麼。
- 經常持續發揮強項的話，容易疲累。
- 與家人共享、討論「在家裡想要怎麼過」。

日常生活的煩躁不安

6

想到過了六十歲還要繼續工作就很憂鬱

都說如今是人生已長達百年的時代，但我真的覺得很沒意思。過了六十歲還是非得工作不可，這是真的嗎？就算現在我都覺得每天工作很痛苦了，想到老了以後還要持續這樣的日子，打心底就覺得厭煩。

（20多歲男性）

我們如今正處在「工作就是生活」的時代轉捩點。

只靠「義務感」，會覺得工作很討厭

在「過了六十歲還要繼續工作嗎？」這句話背後，能想像得到有著「六十歲之後想要輕鬆生活」的心情。從忙碌的日子裡退休、想要悠閒生活的心情，當然是很能理解的。

我個人是認為，到死為止都想要繼續現在的工作。然而諮詢者並非如此，他只是很悲觀地接收「過了六十歲還要繼續工作嗎？」這件事。我們之間究竟有什麼不同呢？

我想很有可能是，**「在工作上發現了什麼樣的意義」**這一點有所不同吧。我的情況是——之所以選擇現在的工作，很大的原因是因為「我想要做這個！」而在每天的業務中，也會感受到價值感與樂趣，再加上抱持著一些些類似使命感的想法。或許就是因為這些，我想要一生都繼續這份工作。

當然工作不會全都是快樂的，勞動的部分也是相當地辛苦，所以才會收取金錢來作為對價。

然而，這位諮詢者「工作＝生活手段」這樣的想法或許過於強烈了。既然說生活的手段，那只要我們還活著，就經常會跟工作有關。可以理解這樣想的話當然心情會很厭煩，畢竟有種「被強迫去做」的感覺。

「為了生活而工作」已經過時了？

在「為了生活而工作」這件事還被所有人認為是理所當然的年代，同時也有著終身僱用制與充足的老年保障。

然而現在，「終身僱用制」已經成了不再使用的詞語，年老後的安定生活也沒有人會提供保障。離開學校之後，「就這家吧」這樣選定企業工作，直到退休年紀，等待著的就是老年的安心安全生活——這已變成過往年代的遺物了。

活在如今這時代的我們，若還想跟過去一樣，不覺得有些勉強了嗎？前方的路實在太長了，而且最要緊的是，這樣做不快樂吧？一直工作、一直工作，薪水卻不怎麼增長，就算持續工作也無法獲得年老後的安心保障。如此若還想要把它當成「生活的手段」，不覺得條件太糟糕了嗎？

那麼，到底要以什麼樣的感覺去面對才好呢？

我覺得以**「工作就是生活」這樣的感覺**就行了。比起手段，我們要更重視目的——也就是生活本身。

因此，就會想要避免太難受、太無趣的情況，即便不多，也想要感受到價值感與有趣。如果能從事這樣的工作，應該就不會覺得過六十歲以後也要工作是很討厭的事了。

讓自己逐漸朝不痛苦的方向靠近

究竟要如何轉換成「工作就是生活」這樣的感覺呢？這個問題其實已經回答過很多次了。沒錯，只要找到「Will」就行了！關於這部分，第一章的「不清楚自己能夠做什麼」（第三十七頁）與第四章的「感受不到工作的價值」（第一九三頁）或許可以提供參考。

在終身僱用制已走入歷史的現今，不論是為了提升技能或為了職業經歷而轉換工作，同時兼任幾項工作也被認為是很「一般」的。

我們可以照著自己的喜好來選擇喜歡的工作，連工作的形態也能自行決定。如果你是以「這份工作不太適合我，下次選個不同業別的公司吧」這樣的縱向策略來累積經驗，未來就有可能勝任能同時處理複數工作的類似職業，或擁有正職工作以外的副業等。

當然，也有人是像我這樣繞了遠路、停停走走地，才逐漸朝著自己期望的方向接近。請向著能把工作轉換成生活的這個方向，一點點地靠近吧！

POINT

- 只當成「生活的手段」而工作，已經不適合現今的時代。
- 把價值觀從「為了生活而工作」，往「工作就是生活」轉變吧！

日常生活的
煩躁不安

7 沒什麼興趣，假日就只是在睡覺

平時我很努力工作，假日時因為疲累就只是睡覺、沒有動力想去做些什麼，也沒有能稱得上是興趣的事物，像我這麼無趣的人真的沒問題嗎？感覺有些不安。

（30多歲男性）

跟你一樣，我也是把睡覺當成興趣！

華麗的興趣＝充實的人生？非也

休假時都只是睡覺，這樣會很糟糕嗎？

其實我的興趣也是睡覺，真的睡很多。上次的歲末年終，由於十二月的工作很忙碌，跨年前後的六天假期裡，我不分晝夜地就是一直睡覺。

當然會起來吃飯跟上個廁所之類的，不過基本上就是睡個不停。雖然對於家人有些過意不去，但也因此變得很舒暢。是啊，我真的是很喜歡睡覺呢。

不過，我也能夠了解諮詢者的心情。

如果有像露營、美術館巡禮等等，這些很容易跟別人說是「興趣」的喜好存在的話，那該有多好啊。積極、華麗、優雅、充實的時間……。有這些的話，感覺人生好像就會變得極為充實。

不過這個，大概只是幻想。

我可以斷言，**你人生的充實程度，並不是以有沒有興趣，或興趣的內容來決定的。**

狀況改變，理解的方法也要改變

再說，對於事物必定有不只一種看法，所以像「沒什麼興趣」、「喜歡睡覺」這類現狀，在不同的情況下觀看，也有可能發現其價值。

尤其前陣子新冠肺炎疫情時，興趣屬於室內類型，或是沒什麼興趣的人，不都能夠心情較為安穩地度日嗎？如果擁有的是活動類的興趣，由於難以外出，可以想像壓力肯定會累積再累積。

就這一點來說，我覺得以睡覺為興趣的人，幾乎都不會累積壓力。因為可以隨心意在家裡窩著，外出時間省下來的部分，更可以花費在睡眠上。

這樣一想，不覺得用**「興趣的有無」、「興趣華麗或樸素」這樣的二元論來判斷好壞，其實是很沒意義的**嗎？更別提還要用這個來規範人生的充實程度了，這是完全不行的。沒必要認為「沒有興趣＝無聊的人」。

「反差」的魅力

另外再多說一點，像「平日裡奮發努力工作，休假日彷彿死掉了一樣」這種，有著某種落差感的人，我自己是很喜歡的。

有某位藝人，不論攝影機是否正在拍攝，都維持自己在高張力的狀態。我想這樣的人是存在的，但對我來說，就覺得似乎有些不太自然啊。因為有著稍微矛盾的一面，例如「只有在社交方面比較害羞」或是「很積極外向但也絕對需要個人時間」這樣，我認為才像人類啊。

完全沒有必要把經常維持著一貫調性或心情當成目標，**反倒是希望你能夠愛上自己這樣的反差**。

說起來我的朋友裡，有位非常狂熱的偶像宅。在我心裡本來總覺得這樣的人應該給人很安靜的印象，但這個人卻非常開朗又風趣。

當然不是說偶像宅就非得是安靜內向的才行，只是由於給我心裡帶來這種意外的印象，所以總感覺那會成為那個人的特殊魅力。

不僅是這位友人，凡是有反差，或性質差異幅度很大的人，我總會不自覺地感受到對方的魅力，覺得更能體會到一個人的深度以及器量的大小。

我覺得「落差」是種魅力，也是應對能力範圍廣大的證據。因此，請你保持現在的樣子就行了。

POINT

- 休假日總是在睡覺，一點問題都沒有。
- 以興趣的有無及內容來決定人生的充實程度，是毫無道理的。
- 珍惜自己矛盾的那一面。

日常生活的
煩躁不安

8

雖然有想做的事情，但沒有時間

看到跟我同個年代創業的友人或是成功的人們，都會覺得「有時間真好」，很是羨慕。如果有時間的話，我也有想要做的事情，但實際上的狀況卻很殘酷。

（30多歲男性）

是「決定優先順序的問題」還是「逃避現實」？

真的真的想要做嗎？

「有想要做的事情但是沒有時間」，會這樣想的人應該蠻多的吧。工作這種東西總會往忙碌的人那裡集中，所以真的越是忙碌的人，越容易陷入「真的很難有時間」的狀況。只是，如果有真真正正想要做的事情，應該還是能毫不猶豫地擠出時間來才對。從睡眠或遊戲時間裡擠出來吧，因為這是你重要的「Will」。

如果覺得沒辦法努力到這種程度，那或許代表你並非真的那麼想要做，實際上僅僅是排定優先順序的問題吧。不知怎地就會說出「有想做的事情但是沒有時間」的人，或許是稍微**顯露出了逃避現實的期望**。為了要從不想接受的某些事物上轉移注意力，而以為自己「真的有想要做的事情」。也或許沒有到那麼誇張，但如果自我覺察到身心兩方面都過於忙碌、疲勞正在累積，那最重要的就是要先好好地休息、恢復到穩定的狀況再說囉！

POINT

- 如果是真的想要做的事情，那怎麼樣都會擠出時間來。

日常生活的
煩躁不安

9 忘不了不合理的遭遇

我的工作是銷售與接待客人。前些日子，有位顧客因為別人的過錯，很生氣地來到店裡，對著剛好出來應對的我以嚴厲的方式怒吼飆罵。那明明就不是我的問題，但我不知道這憤怒該往哪發洩。即便過了幾個星期，每當想起來還是很氣，忘不掉⋯⋯！

（20多歲女性）

你什麼錯都沒有。這真的是遇上了很糟糕的事情啊！

昇華憤怒的方法

關於每當想起都會變成負面情緒的回憶，**請試著以「這樣對於自己的成長有用嗎？」來思索看看**。

例如：你非常努力想出來的構想，卻被上司冷淡地打了回票，你對這件事或許會感到不甘心及生氣。然而，如果想著「這什麼混蛋啊！」能讓你更加努力的話，就請如此地把它當成能資助自己成長的事物來接受吧。

另一方面，也有些無端而來的事故、無論誰都會覺得只能說是運氣很差的不合理事件。這次的諮詢案例就是如此。

對於這類不合理的事情，不論是記住它所花費的腦容量或者去思考所用上的時間，全都是浪費。

請好好地說給自己聽：「絕對不是我的錯。」如果已經嘗試這樣做了還是被情緒帶著走的話，請找個人談談，並獲取**「那真的是災難啊，好過分」、「你並沒有做錯喔」**這樣的安慰吧。

如果你願意的話，我可以說喔：你什麼都沒有做錯！換成我遇上同樣的事情，絕對會生氣的。是對方不好！

……以上這樣的應對，很簡單但絕對很重要。

POINT

● 思索「這對於成長有用嗎？」然後盡快忘掉吧。

日常生活的
煩躁不安

10 睡眠狀況很糟糕

我從躺上床到真正睡著，總要花上很長時間。躺著睡不著，對工作的擔憂在腦海裡浮現，又變得更難入睡。想到不早點睡不行，越是焦慮就越慌，離睡著就更遠了。

（20多歲男性）

覺得「睡不著」時，請馬上就從被窩裡爬出來。

等到想睡時，再進入被窩

應該有很多人在睡不著時，都還是會待在被窩裡熬著吧？但其實不太建議使用這個方法。這是因為，原本被窩應該是你可以安全安心「睡覺的地方」，但失眠累積之下，很可能會在無意識之中被刷新為「睡不著的地方」。

所以，**當感覺睡不著的時候，請馬上從被窩裡離開**。接著，既然都起身了，就做些適當的事情吧，例如：看看書、聽聽音樂等一般的事情（但上網瀏覽、運動等明顯會有清醒效果的事情就請避免喔）。要一直不睡覺是不可能的，所以我想你很快就會變得想睡了。此時，請立刻回到被窩裡就寢吧！

其他也還有諸如「沒有睡意」、「早上很早就醒了」等跟睡眠有關的各種煩惱，因為這也有可能是精神方面問題的徵兆，在意的話請務必找專業醫師諮詢。

POINT

- 有睡意後再躺進被窩裡吧。

日常生活的煩躁不安 TOP10

NO. 1：一點小事就止不住焦躁不耐

莫名焦躁不安，或許是因為你正處在「沒有餘裕的狀態」中。

NO. 2：沒法好好休息

休假時，試著「悠閒地」、「慢慢地」、「細心地」工作吧。

NO. 3：假日也會在意工作，難以放鬆

藉由「後設認知」，試著把不安給相對化。

NO. 4：忙到沒有餘裕面對自己

設立「短期目標」，品嘗每一次的成就感。

NO. 5：希望在家裡有屬於自己的地方

與家族共享並討論「在家裡想要怎麼過」。

NO.6：想到過了六十歲還要繼續工作就很憂鬱

把價值觀從「為了生活而工作」，往「工作就是生活」轉變吧！

NO.7：沒什麼興趣，假日就只是在睡覺

以興趣的有無及內容來決定人生的充實程度，是毫無道理的。

NO.8：雖然有想做的事情，但沒有時間

如果真的是想要做的事情，怎麼樣都會擠出時間來。

NO.9：忘不了不合理的遭遇

思索「這對成長有用嗎？」盡快忘掉吧！

NO.10：睡眠狀況很糟糕

有睡意之後再躺進被窩。

COLUMN

給覺得「要去精神科診所有點困難」的你

希望精神科診所能成為更親切的場所

「精神科」這個詞，聽起來稍微有點嚇人，若是說成「身心科診所」，好像給人印象就會柔和一些。但還是有許多人覺得「總覺得不容易踏進去」。

我的野心是**打造一個讓大家都能理所當然、輕易地前往精神科診所的社會**。

為什麼呢？舉例來說，當產生「啊，好像感冒了」的感覺時，通常身體也都確實有些狀況吧——總覺得喉嚨怪怪的、疲憊無力、有點發熱等等。與此相同地，精神方面疾病的前兆或感覺也確實存在著。像是頭重重的、心情悶悶的等等，每個人都會有些不同就是了。

若不理會這類「狀態變差」的感覺或預感，心情就會變得很糟。就像身體若只有感冒的徵兆，待在家裡放鬆，也許就能夠康復；但當情況明顯失控，則應該前往醫院尋求專業幫助。精神層面也同樣需要如此。

假使**試著去看診了，結果什麼事情都沒有，也只要想說：「啊，太好了。」就可以了**。身體狀況不好去內科看診時，也會遇到「只要好好休息就會好了」這類連藥物都沒開的情況。精神層面的看診也是這樣的。

注意到「狀況不好」，是很棒的

即便在我的診所，告知看診者診斷的結果為「沒問題，你並沒有生病」的情形也並不少見。初時對方會自己覺得有些意外：「咦，不是生病了嗎？」但最後都會在回去前說：「太好了。」

前來看診的人幾乎都是以下兩者狀況之一——認為「我這個症狀應該就是〇〇疾病沒錯」而前來的人；覺得「狀況差成這樣，如果不是因為什麼疾病，實在是很難以接受」

而來的人。而在察覺到這樣的認定本身就有可能會導致狀況變得更明顯之後，他們都鬆了一口氣。

好不容易來看診了，卻白跑了一趟——這樣的說法其實並不正確。不自然感通常是許多疾病的徵兆，**能留意到這些，你對自身的監測能力足以自豪**。

已經察覺到了還放著不管，感覺會很差，而且萬一真的生病也很糟糕。所以接受診治，確認病情有無是很重要的。持續無視狀況不佳的徵兆、不在意疾病而放著不管——沒有什麼比這樣做更危險的了。

想接受診察的話，請先做這些

「是不是該去精神科診所看一下呢？」

如果你正在這樣想，首先建議去請教公司的職業醫學醫師有沒有推薦的診所。自己從頭找起當然也沒關係，但事實上想要找到「好診所」，其實跟找戀人差不多，都是相當困難的。

很可惜地，其實也有些醫師的能力並不是太好，但最重要的是，精神科診所與自己之間的相容性如何，這點的影響很大。

我覺得並沒有對所有人來說都很厲害的精神科醫師，因為醫師個人也會有擅長或不擅長的領域，所以還是要看與對象的相容性如何。

從這個意義上來說，與其從零開始自己尋找，我覺得向因職業性質而有很大可能會更熟知情報的職業醫學醫師詢問，會是更聰明的做法。

當然，如果是在沒有職業醫學醫師的公司工作，那就沒辦法了。即使有，如果醫師是像我之前遇到那種只會說「請自己找尋診所」的人，那也不用提了。

找到適合的診所，就有了「一生的夥伴」

狀態都已經不太好了，還要找到相容性佳的診所，實在很難……或許也有人會因此覺得沮喪。

的確如此啊。不過，你想要有戀人嗎？想找到合適的戀人是很不容易的，但如果找到了，會很快樂，自己人生的充實程度也會格外提升呢。找診所也是如此道理，即便沒有到能像戀人那般的程度，卻也是可以是確實陪伴著你的「理解者」、你人生的「陪跑者」，甚至變成好好地接受你的「老婆角色」。

我覺得像這樣的存在，在人生當中是有勝於無。它能讓你安心。在有精神時或許不需要依賴，但**一旦發生什麼事情，便能變成全力支持你的強力夥伴**。即使有著很嚴重的精神疾病，只要遇到了相容性高的診所，我覺得就有很大機率快速恢復。

能支持你的存在，不一定要是診所，相信也有許多人是由身邊親近的人擔任著這樣的角色吧。不過，正因為親近，偶爾也會遇到不想多談的時候，甚至有些事情是沒法說的。

像這樣的狀況，對象若是完全的第三者就能安心了。顧問或心理治療師這類的人也是可以，但如果能找到擁有人類心理活動相關知識、經歷過許多案例、擁有客觀包容力並能夠接受你的人的話，那會是更加適合的。

如果在你身邊目前沒有適合人選，那做為未來有困難時可以拿出來的選項，我覺得先準備好這樣的對象會是個不錯的做法。

結語

「確實如此」地傳達給對方

在進行面談或診察時，我會注意的是**「確實地把言語傳達給對方」**。

前面已經提過，我原本是說話很快的人，之所以會有意識地改變成慢慢地說話，是因為我覺得這樣做比較容易把言語傳達給對方，而對方也更能確實地接收到。

慢慢地說話，能傳達的資訊量不會很多。正因如此，更會想要把精挑細選的內容，以思考過的言語確實地傳達。

我想要提出最好的選項，與諮詢者一起思考最好的方法。

本來，對於可以說是狀態不佳的人，給出大量情報並列出各式各樣選項，就算不上是親切的行為吧？

醫療用語中有許多來自外文，我都會盡可能地不去使用。畢竟如果說：「服藥的compliance情況不佳，所以沒有辦法維持steady。」應該會讓人覺得：「啊？到底想要說什麼？」吧！

簡單來說，這就是「不確實服藥，狀況會不穩定喔」的意思。我的話，就會這麼說：「就算不是晚餐後也可以，但至少在睡覺前一定要吃藥喔！」因為這樣更容易被理解。

想要珍惜著「言辭」活下去

用外來語、說話又快又喋喋不休的人，在哪個業界都常常都會碰得到。這僅僅是我個人淺見，但這樣的人對我而言相當棘手，總覺得好像是被欺騙一樣——彷彿思考的餘裕也被剝奪了，不但沒替對方著想，還像是已經放棄思考如何用言辭傳達給對方那樣。

我個人的理論是——真正聰明的人不會使用困難的語詞。他們不使用聽起來滑溜流暢但浮於表面的言辭，而是用能夠引發對方的想像力、簡單又直接的措辭，我就是想要成為這樣的人。

這麼想來，雖然我沒能成為過去夢想中的文案撰稿人，但卻也培養出了這種重視言辭的生存方式。

不僅言辭的選擇方法，舉凡抑揚頓挫、音量，就連發言的時機我都有好好地控制著，以求確實傳達給對方。對我來說，沒有比能做到這種程度，更值得喜悅與誇耀的了。

我正在做的，只有兩件事

書寫這本書的過程中，我注意到自己在進行面談與看診時，做的其實只有兩件事。

其一是**「讓對方的優點能夠獲得延展」**。

還有另外一個是**「明白提示對方沒能察覺到的要點」**。

在本書中已經登場過多次的「後設認知」——由另外一個自己客觀地觀看自己的感覺——只要能夠做到，便可以越來越意識到「沒察覺到的要點」。

然而因為擔心而精神狀況不佳的人，很加難以察覺到。狀況不佳，便會讓人的視野變得更加狹窄。

面對這樣的對象，提出諸如**「這樣的看法也是可以的」**、**「試著這樣思考如何？」**這樣的新觀點或角度，就是我的工作。有時這還會剛好找出對方沒有察覺到的「自己的優點」呢！

在這樣協助進行後設認知的過程中，經常能夠看到對方鬆了一口氣的表情，就好像如今才醒過來似地。在那個瞬間，對方應該獲得了某些覺察、達成了一些精神上的成長。

像這樣，重複積累放鬆下來的瞬間，或是忽然覺察到的動搖等，這類極富人性的微妙心理後，人便會成長，也就能品味到人生的絕妙滋味。

能參與到各種人的這些瞬間與過程，對我來說是很美好的喜悅，能帶來工作的價值感，甚至生存的價值感。

……就這樣，雖然寫了很多看起來好像很厲害的事，然而在寫作本書的期間，我的後設認知一直「喂，尾林啊，你好像太臭屁了喔！」這樣響著警報，心裡滿滿地都是不好意思、有點癢癢的心情。

不過，如今的我已經打算把想要傳達的事情，全都添加進本書裡了。

期待這本書，能夠為我所尊敬的所有工作者們提供一點助力。

精神科醫師、職業醫學醫師 尾林譽史

職場方舟0029

醫生，我每天都好累……

治癒三萬人！日本職業醫學名醫，目標讓你「以好心情工作」的人生相談TOP50

先生！毎日けっこうしんどいです

作　　者　尾林譽史 Obayashi Takafumi
譯　　者　林曜霆
封面設計　張天薪
內文設計　薛美惠
資深主編　林雋昀
行銷經理　許文薰
總 編 輯　林淑雯

方舟文化官方網站　方舟文化讀者回函

出版者　方舟文化／遠足文化事業股份有限公司
發　行　遠足文化事業股份有限公司（讀書共和國出版集團）
231新北市新店區民權路108-2號9樓
電話：（02）2218-1417　傳真：（02）8667-1851
劃撥帳號：19504465　戶名：遠足文化事業股份有限公司
客服專線：0800-221-029　E-MAIL：service@bookrep.com.tw
網站　www.bookrep.com.tw
印製　呈靖彩藝有限公司
法律顧問　華洋法律事務所　蘇文生律師
定價　400元
初版一刷　2024年08月
ISBN　978-626-7442-63-0 書號 0ACA0029

國家圖書館出版品預行編目(CIP)資料

醫生,我每天都好累......：治癒三萬人!日本職業醫學名醫,目標讓你「以好心情工作」的人生相談TOP50 / 尾林譽史著 ; 林曜霆譯. -- 初版. -- 新北市 : 方舟文化, 遠足文化事業股份有限公司, 2024.08

面；　公分.

譯自：先生!毎日けっこうしんどいです
ISBN 978-626-7442-63-0（平裝）

172.9　　113008847